IRIS TREPPNER

Die Sibylle der Salons

Das Lenormand-Praxisbuch für Menschen von heute

WILHELM HEYNE VERLAG
MÜNCHEN

Die Originalausgabe erschien 2004 bei Ansata
in der Verlagsgruppe Random House GmbH

MIX
Papier aus verantwortungsvollen Quellen
FSC® C014496

Verlagsgruppe Random House FSC® N001967
Das für dieses Buch verwendete FSC®-zertifizierte Papier
Lux Cream liefert Stora Enso, Finnland.

3. Auflage
Taschenbucherstausgabe 11/2010

Printed in Germany 2015
Umschlaggestaltung: Guter Punkt, München
Unter Verwendung von Motiven © AGM (Karten) und
© Shutterstock
Herstellung: Helga Schörnig
Layout: Privatakademie Leonardo, Hamburg
Satz: Christine Roithner Verlagsservice, Breitenaich
Druck und Bindung: GGP Media GmbH, Pößneck
ISBN 978-3-453-70162-5

www.heyne.de

HEYNE <

Die Autorin
Iris Treppner, geboren am 18.08.1965 im Kreis Nordfriesland in Schleswig-Holstein, lebt heute in ihrer Wahlheimat Hamburg. Seit ihrem 17. Lebensjahr befasst sie sich mit Kartenlegen, Astrologie und allen Arten von Orakeln. Sie hat Architektur studiert und ist als freie Autorin tätig.

Mehr über das Kartenlegen der Mlle. Lenormand, Seminare, Fernlehrgänge und Beratungen erfahren Sie auf der Website von Iris Treppner:

www.iristreppner.de

INHALT

EINLEITUNG

Die Mlle. Lenormand Wahrsagekarten sind sehr einfach und einprägsam in ihrer Symbolik. Und sie sind ungeheuer populär. Entstanden um die Mitte des 19. Jahrhunderts, schlugen sie schon seinerzeit alle Auflagenrekorde. Ausgesprochen beliebt und weitverbreitet sind sie bis heute – ihre Auflagen liegen übrigens nach wie vor weit über denen der meisten Tarot-Decks.

Gegenüber den Tarot-Karten bestechen die Lenormand-Karten durch ihre unmittelbare Verständlichkeit. Wer mit ihnen arbeiten will, muss sich nicht erst durch einen Katalog von mystischen und esoterischen Bedeutungen arbeiten – sondern kann sofort loslegen. Denn die Bilder, welche die 36 Karten schmücken, sind stets eindeutig und leicht zu verstehen. Sie sind direkt auf das alltägliche Leben abgestimmt und geben Antwort auf alle Fragen, die uns tagtäglich beschäftigen.

Wer die Tipps und Hinweise in diesem Buch beherzigt, kommt also recht schnell zu einer sinnvollen Deutung. Das soll allerdings nicht heißen, dass die Lenormand-Karten nur für Einsteiger geeignet wären. Ganz im Gegenteil. Gerade auch professionelle Kartenlegerinnen bevorzugen dieses Kartendeck. Denn obwohl seine Symbolik einfach ist, bietet sie unbegrenzte Kombinationsmöglichkeiten der einzelnen Motive untereinander. Und, das werden auch Sie mit der Zeit feststellen, je länger Sie mit ihnen arbeiten, desto mehr erschließen sich Ihnen auch die tieferen Bedeutungen dieser Karten.

Die »Sibylle der Salons«

Ihren Namen haben die Karten von der wohl berühmtesten Wahrsagerin und Kartenlegerin der letzten Jahrhunderte, die mit vollem Namen Marie Anne Adelaïde Lenormand hieß und als »Mlle. Lenormand« in die Geschichte einging. Sie lebte von 1768 bis 1843 in Frankreich und galt als so tüchtig, dass man ihr den Ehrentitel »die Sibylle der Salons« gab, in Anlehnung an die Sibyllen (prophetischen Seherinnen) der Antike, welche in ekstatischer Trance die Zukunft weissagten.

Nun muss ich jedoch gleich vorwegnehmen, dass das auch schon fast alles ist, was unsere Karten mit dieser »Sibylle der Salons« verbindet. Denn Mlle. Lenormand hat, wie Augenzeugen glaubhaft zu berichten wussten, in Wirklichkeit mit verschiedensten Karten gearbeitet, sogar auch mit gewöhnlichen Spielkarten.

Sie selbst hat nie spezielle Weissage-Karten entworfen, was auch gar nicht nötig war, da diese im damaligen Frankreich in zahlreichen Varianten erhältlich waren. Vielmehr waren es findige Verleger, die ihren wohlbekannten Namen werbewirksam »ausliehen«, um eigene Karten erfolgreicher in Umlauf zu bringen. Das gilt vor allem für das sogenannte »Grand Jeu de Mlle. Lenormand«, ein esoterisches Kartenspiel, das nur zwei Jahre nach dem Tod der großen Wahrsagerin in den Verkauf gelangte. Seine Symbolik ist derart verwickelt, dass es sicher nicht aus der täglichen Praxis einer erfolgreichen Kartenlegerin heraus entstand, sondern wohl eher in esoterischen Zirkeln, die damit »Gott und die Welt« zu erklären suchten.

Unsere »Mlle. Lenormand Wahrsagekarten« hingegen wurzeln eindeutig in einer sehr lebensnahen, praktischen psychologischen Methodik, wie sie von den französischen Kartenlegerinnen der damaligen Zeit durchweg benutzt wurde. Wer diese Karten einsetzt, darf sich also durchaus in der Nachfolge einer großen Tradition sehen, die durch die Mlle. Lenormand ihren einsamen Höhepunkt erreichte.

Marie Anne wurde in der Provinzstadt Alençon als Tochter eines Kaufmanns geboren. Dass sie schließlich zur »Sibylle der Salons« und damit zur nationalen Zelebrität werden sollte, konnte damals sicher niemand ahnen. Ihr Vater starb früh, und sie konnte ihre Ausbildung in der örtlichen Klosterschule nicht abschließen, sondern musste sich als Näherin verdingen. Auch kam sie schon in jungen Jahren mit der Hellseherei in Kontakt – sie lernte, Leuten aus der Hand zu lesen und ihnen die Karten zu legen. Sobald sie volljährig war, ging Mlle. Lenormand nach Paris, wo sie bald eine schicksalhafte Bekanntschaft machte: Eine Kartenlegerin mit gut florierendem Geschäft stellte sie als Assistentin ein.

Es muss teilweise turbulent zugegangen sein in der Praxis der beiden Damen. Einmal gerieten sie sogar mit dem Gesetz in Konflikt – vermutlich hatten sie sich einer kleinen Schwindelei schuldig gemacht, und so musste die hoffnungsvolle junge Wahrsagerin sogar für eine Weile das Land verlassen. Nach ihrer Rückkehr versuchte sie es anders, und diesmal mit durchschlagendem Erfolg. Sie machte sich selbstständig und war bald so gefragt, dass sie in der Lage war, einen mondänen Salon in der feinen Rue Tournon zu eröffnen. Hier empfing die charismatische Wahrsagerin ihre Klientel, zu der zunehmend die Reichen, Schönen und Mächtigen ihrer Zeit zählten. Während der Großen Revolution sollen Politiker wie Mirabeau, Marat und Robespierre, die den Lauf der Weltgeschichte veränderten, zu ihren Klienten gezählt haben. Eine bestimmte Stammkundin jedoch besiegelte ihren legendären Ruf als »Sibylle der Salons«: Joséphine de Beauharnais, die spätere Gattin Napoleon Bonapartes.

So übte Mlle. Lenormand, die nie heiratete und auch keine Kinder bekam, ihre Tätigkeit erfolgreich über Jahrzehnte lang aus. Sie überlebte die Regime der Revolution, der Restauration und Napoleons und blieb bis zu ihrem Tod am 23. Juni 1843 außerordentlich populär. Die Pariser Tageszeitungen berichteten seinerzeit, dass ihrem Sarg eine große Menschenmenge zum Friedhof folgte – Menschen aus allen Schichten der Gesellschaft.

Ihr bewegtes Leben hatte die Sibylle zuvor selbst in dreibändigen Memoiren beschrieben, die bald zum Bestseller wurden, da ihre Leser daraus so viel über das Tun und Lassen der feinen Gesellschaft erfahren konnten. Doch leider schenkte die Autorin uns mit diesem Werk keine einzige Seite mit Informationen über ihre eigenen Wahrsage- und Kartenlegetechniken! Es ist also Ihnen selbst überlassen, mit Intuition und Geschick der »Sibylle der Salons« nachzueifern. Und – vor allem – mit jenen Karten, die aus gutem Grund sogar heute noch als das eigentliche Vermächtnis ihrer Kunst gelten …

Wie Sie mit diesem Buch eine Antwort finden

Doch keine Angst, Sie werden auch ohne hellseherische Veranlagung in der Lage sein, sich und anderen erfolgreich und mit Spaß die Karten zu legen. Ein wenig Kombinationsgabe und Fantasie sind völlig ausreichend. Und dann können Sie loslegen: wenn Sie neugierig oder unentschlossen sind, eine Perspektive für die Zukunft benötigen, Langeweile haben oder einfach nur einen guten Tipp brauchen. Es wird Ihnen aber auch die Basis für eine professionelle Tätigkeit als Kartenleger/in vermittelt, denn ich werde Ihnen viele Tricks verraten, die Ihnen die Deutung erheblich erleichtern. So können Sie Anfängerfehler vermeiden, beziehungsweise aufkommende Fragen werden gleich ausgeräumt.

Und denken Sie immer dran: Auch Profi-Kartenleger haben mal klein angefangen und sich das Kartenlegen entweder aus Büchern selbst beigebracht, Seminare besucht oder sie hatten das Glück, von ihrer Großmutter oder Tante direkt eingeweiht zu werden. Aber welchen Weg Sie gehen, ist letztendlich egal. Die Hauptsache ist, Sie gehen mit Neugierde und Spaß an die Sache heran.

Die verschiedenen Möglichkeiten des Kartenlegens

Bei jeder Art der Befragung mittels der verschiedenen Deutungsmöglichkeiten können Sie eine konkrete Frage an die Karten richten oder, wenn Sie nichts Besonderes auf dem Herzen haben: Lassen Sie sich einfach überraschen!

1. Das Tagesorakel

Wenn Sie Neuling sind und sich zunächst langsam an die Materie herantasten wollen, empfehle ich Ihnen zum Einstieg das unkomplizierte Tagesorakel. Natürlich können Sie es auch nutzen, wenn Sie schon etwas versierter sind – etwa dann, wenn Sie wenig Zeit oder gerade keine Lust haben, selbst zu kombinieren und zu interpretieren. Auch kann das Tagesorakel in einer geselligen Runde für gute Unterhaltung sorgen. Durch Ziehen einer Karte aus dem gesamten Kartendeck können Sie hier nämlich die ausführliche Antwort auf Ihre Frage direkt auf der entsprechenden Buchseite ablesen. Und wenn Sie gar keine konkrete Frage haben, finden Sie hier Anregungen und Ideen, die Sie inspirieren, erfreuen und sicher das eine oder andere Mal auch überraschen werden. Das Tagesorakel ist in fünf Bereiche gegliedert: Tagestendenz, Liebe, Beruf, Gesundheit und schließlich Bachblüten, die als alternatives Heilmittel, das Körper und Psyche gleichermaßen anspricht, weitere Impulse geben können.

2. Das kleine Legesystem

Das kleine Legesystem dient der Analyse einer gegenwärtigen Situation oder einer kurzfristigen Zukunftsprognose. Da nur drei Karten gezogen werden, sind die Einzelaussagen leicht zu überblicken und einfach zu kombinieren. So liefert dieses Legesystem einfache und kompakte Aussagen, weshalb es sich gut für Einsteiger und zum Üben eignet. Da die Vorhersage innerhalb kurzer Zeit – etwa binnen 24 Stunden – eintrifft, können Sie außerdem leicht überprüfen, ob Sie aus den Karten die richtigen Schlüsse gezogen haben. Auch für Eilige oder wenn nur eine kleine Vorausschau gewünscht ist, ist dies das Legesystem der Wahl.

3. Das kleine Kartenbild

Das kleine Kartenbild, bestehend aus neun Karten, eignet sich hervorragend als Einstieg für das »große Kartenbild«, den eigentlichen Königsweg der Kartenlegekunst. Es entwirft ein komplexeres Abbild der aktuellen und zukünftigen Wirklichkeit als das kleine Legesystem, da es ausführlich die Umstände und Zusammenhänge beschreibt, mit der Sie oder eine Rat suchende Person unmittelbar konfrontiert sind oder die demnächst auf Sie zukommen werden. Das kleine Kartenbild ermöglicht, wie auch das kleine Legesystem, relativ kurzfristige Prognosen. Als Ratsuchender können Sie nach einem bestimmten Thema oder einer Person fragen – oder sich von der Aussage einfach überraschen lassen.

4. Das große Kartenbild

Der Höhepunkt dieses Buches und der Kunst des Kartenlegens überhaupt, ist mit Sicherheit das große Kartenbild. Gleichzeitig stellt es eine beachtliche Herausforderung dar. Denn im großen Kartenbild sind Kombinationsgabe, Fantasie und ein gewisser Überblick gefragt. Hier entdecken wir ganze Geschichten, welche die Karten gefragt, aber auch ungefragt offenbaren. Diese können Aspekte der Zukunft betreffen, die auf uns zukommen werden, sie können preisgeben, was uns aktuell beschäftigt oder aus der Vergangenheit belastet. Das große Kartenbild erzählt von Personen, mit denen wir aktuell in Kontakt stehen, und es bildet Gegebenheiten und Entwicklungen ab, die sich relativ kurzfristig ereignen werden. Und natürlich eignet sich dieses Legesystem auch hervorragend, um für andere die Karten zu legen – sei es zum Spaß oder als professionelle Dienstleistung. Dann werden wir für andere zum Medium beziehungsweise zum Sprachrohr der Karten, indem wir dessen Symbolik in unsere Sprache übersetzen.

5. Astrologische Deutung

Die astrologische Prognose fügt der Kartenanalyse eine ganz neue Dimension hinzu. Hier werden die Energien der Planeten, die jederzeit auf uns einwirken, sichtbar gemacht – sodass wir sie sinnvoll für uns nutzen können, zur Selbsterkenntnis und um unseren persönlichen Weg im Leben zu finden. Die Karten werden also nach Art eines Horoskops gedeutet. Die Karten symbolisieren die Tierkreiszeichen, Planeten und astrologischen Häuser, was ganz neue Schlüsse zulässt und auch in eine etwas andere Richtung zielt als beim klassischen Kartenlegen. Denn hier steht ausschließlich die Rat suchende Person im Mittelpunkt; hier werden ihre Stärken und Schwächen, Anlagen und Potenziale ausgelotet. Eine umfassende Lebensberatung wird möglich, persönliche Chancen und mögliche Zielsetzungen können erkannt und umgesetzt werden. Dabei sind – im Gegensatz zu den übrigen Legesystemen – auch Prognosen und Richtungshinweise für größere Zeitspannen realistisch. Das astrologische Kartenlegen ist also Charakteranalyse und Lebenshilfe zugleich. Grundkenntnisse der Astrologie sind dabei natürlich hilfreich, aber nicht unbedingt notwendig. Denn das nötige Handwerkszeug finden Sie im entsprechenden Kapitel ab Seite 161.

Übrigens finden Sie im Anhang des Buches alle Kombinationsmöglichkeiten, die sich aus jeweils zwei Karten ergeben können. Diese Kurzinterpretationen werden Ihnen bei den ersten Schritten helfen, die Sie mit dem kleinen Legesystem sowie dem kleinen und großen Kartenbild machen werden. So können Sie auch als Einsteiger relativ schnell und treffend zu einer Prognose gelangen, indem Sie einfach ab Seite 205 nachschlagen.

Und noch ein Wort zu den Karten, die in diesem Buch abgebildet sind. Es handelt sich dabei um die »Mlle. Lenormand Wahrsagekarten«, die in verschiedenen Ausführungen erhältlich sind. Ich habe mich für die Version entschieden, die neben dem jeweiligen Motiv – zum Beispiel DIE DAME oder DIE BLUMEN – auch eine verkleinerte Abbildung einer Skatkarte zeigt. Lassen Sie sich davon nicht irritieren, die Skatkarten sind für unsere Art des Kartenlegens nicht von Bedeutung. Es gibt auch eine Version, bei der neben den Motiven altertümlich formulierte Wahrsageverse aufgedruckt sind. Natürlich können Sie diese Karten ebenso benutzen. Lassen Sie sich dabei nur nicht von den Texten irritieren oder in Ihren Interpretationen begrenzen.

Und nun viel Spaß beim Kartenlegen mit Mlle. Lenormand!

DAS TAGESORAKEL

Sie möchten wissen, was Sie heute erwartet? Sie sind neugierig, welche Überraschungen der Tag für Sie bereithält? Sie brennen darauf, zu erfahren, wie es in Liebesdingen für Sie weitergeht? Da befinden Sie sich in bester Gesellschaft. Schon die illustre Kundschaft Mlle. Lenormands wollte wissen, was sich in der Zukunft in Liebesdingen abspielen würde. Und gerade heute, in dieser schnelllebigen Zeit, die auch eine Zeit der Trennungen und Scheidungen und Neuanfänge ist, liegt es uns besonders am Herzen, zu wissen, ob unsere Partnerschaft hält. Oder ob die neue Bekanntschaft etwas taugt oder nicht. Natürlich sind Ihre eigene Wahrnehmung und Ihre Wachsamkeit Ihre wichtigsten Werkzeuge, um den Zustand einer Beziehung oder Bekanntschaft auszumachen. Doch die Lenormand-Karten können Ihre Aufmerksamkeit auf Aspekte oder Knackpunkte lenken, die Sie vielleicht bisher noch nicht in Betracht gezogen hatten.

Natürlich decken die Karten noch weitere Themen des täglichen Lebens ab. Im Prinzip sind den Möglichkeiten der Befragung keinerlei Grenzen gesetzt. Schließlich baut unser Leben nicht nur auf Liebe und Partnerschaft, sondern auch auf einem erfüllenden Beruf. Ebenso ist eine gute gesundheitliche Lage von Bedeutung für unsere Lebensqualität, wobei die Ursachen für Krankheit immer auch in unserer Lebensführung und in Einflüssen unseres privaten und beruflichen Umfeldes zu suchen sind.

So liegt es auf der Hand, dass sich das Tagesorakel mit diesen drei wichtigsten Themen des Lebens beschäftigt: Liebe, Beruf und Gesundheit. Gleichzeitig bietet es mögliche Lösungsansätze an. So wird zum Thema körperliche und geistige Gesundheit jeweils auch eine Bachblüte angeboten. Denn die Bachblüten-Therapie ist eine bedeutende ganzheitliche Heilmethode, die ganz einfache und direkte Lebenshilfe bieten kann.

Auch Spaß und Spannung dürfen beim Tagesorakel nicht zu kurz kommen. Daher können Sie sich unter der Überschrift »Tagestendenz« ganz einfach überraschen lassen, was dieser Tag für Sie bereithält – ohne dass Sie mit einer bestimmten Frage aufwarten müssen.

Das Tagesorakel hat eine zeitlich begrenzte Gültigkeit von 24 Stunden, jedoch kann es sein, dass eine bestimmte Phase Ihres Lebens lediglich punktuell erfasst wird, die in Wirklichkeit wesentlich länger dauert. Es soll ein Ratgeber sein, der Sie, wo nötig, ein wenig wachrüttelt und Ihnen wertvolle Tipps und Anstöße serviert. Nutzen Sie es spontan, intuitiv und individuell.

Die fünf Themengebiete

1. Tagestendenz

Dieser Abschnitt verschafft Ihnen einen schnellen allgemeinen Überblick. Wenn Sie einfach nur gespannt sind, welche Überraschungen dieser Tag für Sie bereithält, dann ist diese Rubrik die richtige für Sie. Sie können sich hier die richtige Motivation abholen oder einfach nur ein wenig Spaß und Ablenkung von Sorgen und Nöten. Die »Tagestendenz« kann Ihnen aber auch den entscheidenden Hinweis bringen, wenn Sie allzu unbekümmert in den Tag hinein leben.

2. Liebe

Beschäftigt Sie eine konkrete Frage in Bezug auf Ihre bestehende Partnerschaft oder sind Sie neugierig, wie es in Ihrem Liebesleben weitergeht, dann finden Sie unter dieser Rubrik eine Antwort. Sie dürfen sich dabei einer gewissen Erwartungshaltung hingeben und können sich auf schöne Zeiten freuen. Eventuell sorgt der Hinweis auch für neue Klarheit in einer verfahrenen oder undurchsichtigen Situation, sodass Sie neue Erkenntnisse gewinnen und Ihre Beziehung eventuell einer kritischen Prüfung unterziehen – und eine glückliche Wendung einleiten können.

3. Beruf

In dieser Rubrik werden Ihre noch unentdeckten Potenziale angesprochen, Denkanstöße gegeben und Chancen aufgezeigt, um eine berufliche Verbesserung oder konstruktive Veränderung zu bewirken. Ihr Talent, Ihre Neigungen und Ihre Stärken werden aufgedeckt und zum Vorschein gebracht, sodass Sie objektiv Ihre Lage betrachten und, falls nötig, zur Tat schreiten können. Den Weg zum Erfolg, zur Anerkennung, zu innerer Zufriedenheit und Gelassenheit im Job zu weisen, ist Ziel dieser Prognose.

4. Gesundheit

Ein Thema, das uns alle angeht und immer wieder beschäftigt: unsere Gesundheit, die physische wie die psychische. Große und kleine Wehwehchen plagen jeden von uns ab und an. Die Auslöser sind – oder wären – oft schon frühzeitig erkennbar, wenn wir die Warnungen nur frühzeitig wahr- und ernst nähmen. Dieser Abschnitt des Tagesorakels will auf versteckte Hinweise aufmerksam machen und Ihre Wachsamkeit bezüglich Ihrer seelischen und körperlichen Verfassung schärfen. Doch ebenso bekommen Sie auch positive Hinweise und Entwarnungen, die Sie in Ihrem Vertrauen in Ihren Körper stärken sollen.

5. Bachblüten

Die Bachblüten-Therapie ist eine zeitgemäße Heilmethode, die primär auf der emotionalen Ebene ansetzt, aber auch den Körper heilen kann. Speziell bei Stimmungsschwankungen oder psychisch bedingten Krankheiten oder Beschwerden können die Blütenessenzen nach Dr. Bach äußerst hilfreich sein. Heute geht es Ihnen vielleicht top, morgen stecken Sie in einer Krise und können dann auf Denkanstöße und Lösungsmöglichkeiten zurückgreifen, die Sie im Abschnitt »Bachblüte« finden. Und natürlich können Sie sich gern weitergehend über diese Therapieform informieren und in der Apotheke die entsprechenden Essenzen erwerben.

Es geht hier übrigens nicht darum, jeden Tag eine andere Bachblüte einzunehmen. Betrachten Sie diese Rubrik als Anregung, Ihren Gemütszustand zunächst zu überprüfen, um dann bei Bedarf tatsächlich zur Tat zu schreiten.

Wie wird das Tagesorakel befragt?

Mischen Sie die 36 Lenormand-Karten so lange Sie möchten und besinnen Sie sich auf Ihre aktuelle Situation und eine eventuelle Frage. Anschließend fächern Sie die Karten verdeckt vor sich auf dem Tisch auf und ziehen dann mit der linken Hand (die Hand, die dem Herzen näher ist) eine Karte aus dem Fächer heraus. Lassen Sie sich dabei Zeit. Führen Sie die Hand über die Karten, bis Sie ein gutes Gefühl haben. Die Verbindung von der Hand zum Herzen ist nun da – Sie haben die richtige Karte gefunden. Das will vielleicht ein wenig geübt sein, aber das rechte Gefühl wird sich früher oder später einstellen. Glauben Sie's mir. Nun brauchen Sie nur noch das folgende Kapitel aufzuschlagen und den entsprechenden Orakeltext zu finden. Lesen Sie den Abschnitt, der für Sie von Interesse ist – lassen Sie sich überraschen!

Bitte beachten Sie, dass die von mir erläuterten medizinischen Bereiche und angesprochenen alternativen Heilmethoden nicht den Besuch beim Arzt und/oder Heilpraktiker ersetzen. Indirekte Ferndiagnosen sind sowohl nicht möglich als auch gesetzlich untersagt. Weder Autoren noch Verlag können für eventuelle Nachteile oder Schäden, die aus den im Buch gemachten praktischen Hinweisen resultieren, eine Haftung übernehmen.

DIE BOTSCHAFTEN DER TAGESKARTEN

Der Reiter

Sinnspruch: Die Tugend der Geduld vorausgesetzt – es wird gut werden.

Stichworte: Bewegung, Botschaft

Tagestendenz

Sie haben Ausstrahlung, kommen bei anderen gut an, unterhalten Ihre Umgebung prächtig und amüsieren sich selbst königlich. Es wird ein geselliger und betriebsamer Tag werden.

Liebe

Eine Liebelei steht bevor! Sie werden einer Person begegnen, die Ihnen ganz hübsch den Kopf verdreht.

Beruf

Ihre Bemühungen werden von Erfolg gekrönt sein. Sie bekommen die Zusage für eine neue Tätigkeit. Wenn Sie sich jetzt bewerben, können Sie mit einer positiven Antwort rechnen.

Gesundheit

DER REITER steht mit dem Bewegungsapparat in Verbindung und stellt diesbezüglich auch eine Warnung dar. Achten Sie auf Gelenke, Bänder, Sehnen; schonen Sie sich und Ihre Knochen. Ein Übermaß an sportlicher Aktivität könnte heute eher schädlich sein.

Bachblüte

Sie jagen und hetzen durch die Gegend, sind von Unruhe geplagt und können sich diese lediglich durch vergangene Missstände in Job oder Partnerschaft erklären? Sie fühlen sich machtlos, möchten aber diesen Zustand nicht weiter ertragen? Agrimony (Odermennig) dient der Ausgeglichenheit und unterstützt Sie dabei, aus diesem Gefühlslabyrinth herauszufinden.

Der Klee

Sinnspruch: Die ungewollte Isolation dient der Freiheit.

Stichworte: Glück und Freude

Tagestendenz

Der Klee ist Ihre Joker-Karte! Heute ist Ihr Glückstag und Sie sollten sich im Spiel versuchen. Es muss nicht gleich das Casino sein, aber ein Gewinn ist heute durchaus möglich. Auch sonst haben Sie einfach eine gute Zeit.

Liebe

Sie haben Schmetterlinge im Bauch. Dies kann bedeuten, dass Sie mit Ihrem Partner einen zweiten Frühling erleben – oder dass Sie nach einer Zeit des Alleinseins von heute auf morgen eine neue Beziehung eingehen.

Beruf

Ein kurzfristiges und unverhofftes Ereignis steht bevor. Es kommt von außen, über Dritte auf Sie zu, ohne Bemühungen Ihrerseits. Vielleicht winkt eine Beförderung, Gratifikation oder ein lukratives Angebot?

Gesundheit

Eine Krankheit geht glücklich aus. Das mag banal klingen, bedeutet aber eine große Erleichterung. Als vorbeugende Maßnahme sollten Sie jetzt vermehrt eisenhaltige Nahrung zu sich nehmen.

Bachblüte

Ihr Optimismus ist seit einem schweren Schicksalsschlag stark beeinträchtigt oder Sie sind dermaßen verzweifelt, dass Sie zu leichten Depressionen neigen? Sweet Chestnut (Edelkastanie) ist eine Blüte, die Ihnen die Freude zurückbringt. Sie werden schnell wieder Lust bekommen, sich auf das Leben einzulassen, weil neue Kräfte mobilisiert werden.

Das Schiff

Sinnspruch: Die geistige Reise ist ohne Ziel und Ende.

Stichwort: Unternehmungen

Tagestendenz

Eine kleine oder auch große Reise steht bevor oder wird geplant und dann auch umgesetzt. Es geht in die Ferien, Sie unternehmen eine Wochenendtour oder einen Tagestrip. Es ist jedoch auch möglich, dass Sie sich einfach zurückziehen und Ihren Gedanken freien Lauf lassen, um neue Erkenntnisse zu gewinnen.

Liebe

Heute gibt es ein besonderes Treffen mit Ihrem/Ihrer Liebsten. Vielleicht besuchen Sie ein exklusives Restaurant? Sollten Sie noch ungebunden sein, dann werden Sie bei Ihren Unternehmungen einem tollen Mann oder einer klasse Frau begegnen.

Beruf

Diese Karte verspricht gutes Gelingen in kaufmännischen Dingen, möglicherweise auch bei Auslandsgeschäften, und animiert Sie zudem, sich selbstständig zu machen. Der Erfolg ist Ihnen sicher, da Sie viel Potenzial auf allen Ebenen besitzen.

Gesundheit

Mineralien und natürliche Salze sollten nicht als Gewürz, sondern als unumgänglicher Informationsträger für den menschlichen Organismus angesehen werden. Verzichten Sie auf herkömmliches Salz und steigen Sie auf Naturprodukte um, so sichern Sie sich lang anhaltende körperliche Vitalität.

Bachblüte

Wollen Sie weiterhin mit hängenden Schultern durchs Leben gehen? Es ist an der Zeit, neue Energie zu tanken und frisch ans Werk zu gehen. Star of Bethlehem (Goldiger Milchstern) hilft bei Mutlosigkeit und Resignation, deren Ursache in traumatischen, oft verdrängten Erlebnissen zu suchen ist, und unterstützt die verletzte Seele, diese zu bewältigen.

Das Haus

Sinnspruch: Heimatgefühle vertreiben das Fernweh.

Stichworte: Heim und Familie

Tagestendenz

Gemütlichkeit ist angesagt. Es wird gemeinsam gekocht und gespeist, anschließend ist Heimkino angesagt oder ein Spieleabend im Kreise von Familie oder Freunden. Vielleicht lockt auch die Zweisamkeit vor dem Kamin?

Liebe

Jetzt kommt die Zeit, in der Sie sesshaft werden. Der richtige Partner befindet sich bereits an Ihrer Seite oder tritt sehr bald in Ihr Leben; konkrete Zukunftspläne werden demnächst geschmiedet. Themen wie Heiraten, Kinderkriegen oder der Erwerb eines Eigenheims beschäftigen Sie und werden mit (gemeinsamer) Begeisterung zum Lieblingsthema erklärt.

Beruf

Endlich können Sie sich einen Traum erfüllen und Ihren Beruf von zu Hause ausüben. Sie richten sich ein Büro oder Atelier ein und empfangen dort – falls vorhanden – auch Ihre Kundschaft, oder Sie machen Telearbeit für ein großes Unternehmen im Bereich Internet, Telekommunikation oder einer anderen Freude bringenden Tätigkeit.

Gesundheit

Reduzieren Sie fetthaltige Nahrungsmittel und testen Sie Ihren Cholesterinspiegel. Es ist möglich, das Sie momentan etwas zu üppig speisen. Rohkost und Vollkornprodukte sollten ganz oben auf Ihrem Menüplan stehen.

Bachblüte

Schüchternheit ist Ihr zweiter Vorname? Persönliche Hemmungen mindern Ihre Lebensqualität? Cerato (Bleiwurz) ist die ideale Blüte für unsichere Menschen. Sie stärkt das Selbstbewusstsein und hilft, sich von der Meinung anderer unabhängig zu machen und eigene Entscheidungen zu treffen.

Der Baum

Sinnspruch: Das Leben stirbt nie.

Stichwort: Wachstum

Tagestendenz

Etwas beschäftigt Sie schon seit geraumer Zeit. Jetzt ist der Punkt gekommen, an dem Sie wie Miss Marple oder Sherlock Holmes den Dingen auf den Grund gehen können.

Liebe

Aus der Verliebtheit entwickelt sich Liebe. Sie müssen sich dabei nur etwas in Geduld üben und die Saat der Liebelei und des Flirts pflegen. Es ist ein Reifeprozess, der durch nichts zu beschleunigen ist. Die wahre Liebe wird sich erst im Lauf der Jahre voll entfalten können.

Beruf

Ihre Beharrlichkeit, Disziplin und Zuverlässigkeit machen Sie zu einem geschätzten Kollegen, der maßgeblich am Erfolg der Firma beteiligt ist. Wenn Sie Ihr eigener Chef, Ihre eigene Chefin sind, dann zahlt sich Ihre Beständigkeit aus und Sie führen ein gesundes Unternehmen.

Gesundheit

Gehen Sie ins Grüne. Wälder, Felder, Seen und Berge laden Sie zu einer Wanderung ein. Sie brauchen einen Ausgleich. Genießen Sie die »grünen Lungen« Ihrer Stadt, schalten Sie ab und verwöhnen Sie Ihre Sinne mit einem Fest an unvergleichlichen Farben und Düften, wie sie nur in der Natur vorkommen.

Bachblüte

Wenn Sie glauben, dass Sie den Misserfolg gepachtet haben und mit kleineren Rückschlägen nicht zurechtkommen, dann könnte Ihnen diese Bachblüte das nötige Selbstvertrauen zurückgeben: Gentian (Herbstenzian) hilft gegen Skepsis und Pessimismus.

Die Wolken

Sinnspruch: Erscheint uns etwas schleierhaft,
so ist Misstrauen angebracht.

Stichwort: Unklarheiten

Tagestendenz

Es ist nicht die Zeit für Entscheidungen oder Veränderungen. Sie sollten jetzt entspannt abwarten und die Dinge auf sich zukommen lassen.

Liebe

Begegnen Sie ausgerechnet heute einem potenziellen neuen Partner und sehen in ihm die große Liebe, dann haben Sie garantiert die rosa Brille auf. Heute ist kein guter Tag, um eine neue Beziehung zu beginnen. Sind Sie bereits liiert, dann können Sie darauf vertrauen, dass sich Unklarheiten verziehen werden.

Beruf

Mobbing, Fehl- und Rückschläge begleiten Sie derzeit bei der Arbeit? Wolken stehen nie still; sie können schon morgen an einem anderen Ort sein und bei Ihnen kehren wieder Ruhe und Zufriedenheit ein.

Gesundheit

Entspannen Sie, lassen Sie die Seele baumeln. Gehen Sie in die Sauna oder ins Dampfbad. Inhalieren Sie einen Kamillenaufguss und legen Sie sich feuchtwarme Tücher auf die strapazierte Haut. Es ist auch möglich, dass sich eine Erkältung oder Grippe ankündigt oder dass Sie unter Asthma zu leiden haben.

Bachblüte

Sie trauen sich kaum aus dem Haus oder scheuen den Kontakt zu Ihren Mitmenschen, weil Sie glauben, dass Sie sowieso nur enttäuscht werden? Versuchen Sie es einmal mit Aspen (Espe oder Zitterpappel), der Blüte für Menschen mit unbegründeter Angst vor Schicksalsschlägen. Sie verleiht Optimismus und neue Tatkraft.

Die Schlange

Sinnspruch: Die Irrwege des Lebens wählen wir selbst.

Stichworte: Umwege, Vorstellungen

Tagestendenz

Sie üben eine magische Anziehungskraft auf Ihre Mitmenschen aus. Es ist daher möglich, dass in unmittelbarer Zukunft eine verflossene Liebe wieder auf Sie zukommt oder Ihr Exchef Sie fragt, ob Sie Ihren alten Job zurückbekommen möchten.

Liebe

Sie oder Ihr Partner haben falsche Vorstellungen und Motive, um eine Bindung einzugehen. Überprüfen Sie diese genauer und klären Sie Missverständnisse, damit Ihnen Enttäuschungen erspart bleiben. Nur gelegentliche Leidenschaft ist einer festen Partnerschaft hinderlich.

Beruf

Sie setzen alle Raffinesse ein, um Kollegen, Mitarbeiter oder Vorgesetzte von einer neuen Idee oder einem neuen Projekt und einem genialen Plan zu überzeugen. Vielleicht verhilft Ihnen aber auch Ihre Redekunst zu einem lukrativen und angesehenen Posten.

Gesundheit

Entschlackung und Fasten sind angesagt. Trinken Sie viel Tee, Wasser und zuckerfreie Säfte, bereiten Sie sich eine heiße Brühe, bevor Sie ins Bett gehen und entlasten Sie Ihren Körper bewusst. Achten Sie außerdem auf den Darmbereich, er ist zurzeit anfällig für einen Infekt.

Bachblüte

Der Nachbar möge die Masern bekommen, die Kollegin soll endlich entlassen werden oder der Expartner mal gehörig vom Schicksal gebeutelt werden. Sind das die Wünsche, die Sie insgeheim hegen? Holly (Stechpalme) ist die Blüte für schadenfrohe Menschen. Diese Pflanze hilft Ihnen, Emotionen wie Hass, Neid, Eifersucht, Misstrauen oder Rachegefühle besser in den Griff zu bekommen.

Der Sarg

Sinnspruch: Wer akzeptiert, verkürzt das Leiden.

Stichwort: Wandlung

Tagestendenz

Der Sarg steht immer für einen gehörigen Schrecken. Doch keine Angst, es geht um nichts Dramatisches. Ein paar Umstände wird Ihnen die Sache aber schon machen: Portemonnaie vergessen, Handy verloren, vielleicht haben Sie auch eine Akte liegen lassen oder ein Angebot vergessen abzuschicken?

Liebe

Sie glauben sich derzeit auf der Schattenseite des Lebens? Sie stecken mitten in der Krise? Bejahen Sie diese Durststrecke und nehmen Sie die emotionale Belastung und Zerrissenheit als Herausforderung. Lassen Sie den Kopf nicht hängen, straffen Sie die Schultern und packen Sie Ihr Leben neu an, dann werden Sie bald belohnt werden.

Beruf

Sie sind arbeitslos oder eine Kündigung droht? Egal, aus welchen Gründen Sie aus einer Firma ausscheiden – es war der falsche Ort und das Ende dieses Beschäftigungsverhältnisses ein Wink des Schicksals. Fragen Sie sich, was Sie eigentlich noch so alles vom Leben wollen – und Sie werden eine Veränderung mit viel Elan in Angriff nehmen.

Gesundheit

Sie hängen durch, haben keine Energie und neigen vielleicht zu Kopfschmerzen oder Migräne. Ihnen ist danach, sich aufs Sofa zu legen und die Zimmerdecke anzustarren, doch dabei beschleicht Sie ein schlechtes Gewissen. Schalten Sie das Gewissen ab und gönnen Sie sich die verdiente Entspannung!

Bachblüte

Sie haben keine Lust zu dieser netten Party zu gehen? Sie denken, Ihnen kann sowieso niemand und nichts helfen? Mustard (Wilder Senf) hilft bei Weltuntergangsstimmung. Diese Pflanze befreit Sie von Schwermut, depressiven Verstimmungen, Übellaunigkeit, Verzweiflung und Perspektivlosigkeit.

Die Blumen

Sinnspruch: Im Idealfall schmückt eine schöne Oberfläche ein schönes Inneres.

Stichwort: Überraschung

Tagestendenz

Sie sind beliebt, begehrt und ein gern gesehener Gast. Deshalb sollten Sie sich nicht wundern, wenn Sie zurzeit besonders häufig eingeladen werden.

Liebe

Sie haben eine Glückskarte gezogen! Romantische Stunden stehen bevor; ein aufregendes Rendezvous lässt Träume wahr werden. Ihr Herz wird im Sturm erobert, oder Ihr Partner lässt sich etwas Besonderes einfallen, um Sie auf ewig zu binden.

Beruf

Ein Vorstellungsgespräch verläuft nach Ihren Wünschen; Sie erhalten die Zusage für eine neue Tätigkeit. Wenn Sie derzeit nicht wissen, in welche berufliche Richtung Sie sich bewegen sollen, so rät die Karte zum kreativen Bereich und zu einer Tätigkeit, die mit schönen Dingen zu tun hat.

Gesundheit

Befassen Sie sich mit Naturheilmitteln, Heilsteinen oder Kräutern. Sie haben Talent und einen natürlichen Instinkt auf diesem Gebiet und sollten Ihr Wissen an andere weitergeben. Sie selbst finden dadurch zu innerem Gleichgewicht.

Bachblüte

Na, welche nehmen Sie denn nun? Die schwarze oder weiße Hose? Die grüne Bluse oder besser die blau-weiß gestreifte? Vielleicht sollten Sie noch einmal Ihre Freundin fragen oder Ihre Mutter? Walnut (Walnuss) stärkt die Entschlusskraft. Diese Blüte ist für Menschen gedacht, die zwar eigentlich wissen, welche Entscheidung die richtige ist, aber stets die Bestätigung ihrer Mitmenschen benötigen und dann oft doch nicht handeln.

Die Sense

Sinnspruch: Der schnelle Schnitt verursacht kaum Schmerzen.

Stichworte: Trennung, Gefahr

Tagestendenz

Hektik, Stress, Unruhe und Schlaflosigkeit plagen Sie. Versuchen Sie trotzdem diesen Tag entspannt anzugehen und reagieren Sie nicht über. Bleiben Sie fair und gerecht.

Liebe

Ein radikaler Umbruch steht bevor. Er ist notwendig, damit Sie wieder zu sich finden und sich nicht länger von Ihrem Partner fremdbestimmen lassen. Eine Bewusstseinserweiterung findet statt. Eine neue Liebe wartet schon auf Sie, die viel besser zu Ihnen passt, Sie fördert und dafür sorgt, dass Sie reifen und sich weiterentwickeln können. Heute ist ein Tag, an dem Sie diese Energien in besonderem Maße spüren.

Beruf

Sehr bald können Sie die Früchte Ihrer Arbeit ernten. Sie waren fleißig und haben auf vieles verzichtet. Ihre Anstrengungen und Bemühungen werden jetzt anerkannt und belohnt. Außerdem führt sie das Schicksal zu Ihrer eigentlichen Bestimmung.

Gesundheit

Ein Zahnarztbesuch steht bevor. Eventuell bekommen Sie Unterleibsschmerzen oder eine kleinere Verletzung in Form einer Schnittwunde. In Ausnahmefällen bedeutet DIE SENSE auch eine bevorstehende Operation.

Bachblüte

Sie planen eine Aus- oder Weiterbildung; Sie möchten generell etwas ändern in Ihrem Leben, können sich aber nicht vollends entscheiden, sind unsicher und ratlos? Wild Oat (Waldtrespe), die Blüte für Menschen, die unschlüssig sind, könnte Ihnen vielleicht weiterhelfen. Wenn Sie nicht wissen, in welche Richtung Sie sich bewegen sollen, dann hilft sie Ihnen bei der Entscheidungsfindung.

Die Rute

Sinnspruch: Der versteckte Kampf ist ein weibliches Attribut.

Stichworte: Durchsetzung, Gespräche

Tagestendenz

Die Emotionen kochen hoch. Ihre Impulsivität bringt Sie zurzeit öfter in Schwierigkeiten. Reagieren Sie nicht zu schnell, sondern überlegen Sie erst, bevor Sie handeln.

Liebe

Diese Karte beinhaltet mehrere Möglichkeiten. Entweder Sie diskutieren leidenschaftlich mit Ihrem Partner und setzen sich mit Ihrer Meinung durch. Sie besuchen mit Ihrem Partner eine Tanzveranstaltung, einen Vortrag. Oder Sie führen eine anregende Unterhaltung mit Freunden.

Beruf

Heute findet ein besonderes Gespräch zwischen Ihnen und Ihrem Chef, Mitarbeiter oder Kollegen statt. Man hört Ihnen zu und legt Wert auf ihre Meinung, und sie wird entsprechend honoriert.

Gesundheit

DIE RUTE steht für Husten und Heiserkeit, Mandelentzündung und einen empfindlichen Rachen. Sorgen Sie vor: Halten Sie sich warm und vermeiden Sie Zugluft.

Bachblüte

Sie werden schnell wütend und können Ihre vorwärts preschenden Gefühle kaum im Zaum halten? Sie sind hektisch, überdreht und ungeduldig gegenüber Ihren Mitmenschen? Impatiens (Drüsentragendes Springkraut) ist die Blüte für Menschen ohne Geduldsfaden; sie schenkt Ihnen Gelassenheit.

Die Eulen

Sinnspruch: Wer wartet, wird belohnt – mit überraschend guten Nachrichten.

Stichworte: Kommunikation, Nervosität

Tagestendenz

Sie suchen den Kontakt mit anderen, lernen nette Menschen kennen und setzen Impulse. Es ist jetzt aber auch eine Zeit der Erweiterung, der Neugierde und des Lernens.

Liebe

Endlich ist es so weit – er oder sie meldet sich. Sie sind aufgeregt, haben feuchte Hände, Ihr Herz rast und Sie können kaum sprechen, wenn der Herzensmann oder die Herzensfrau plötzlich am Telefon ist. Allerdings sind Diplomatie und Klugheit angesagt, um der Partnerschaft eine Chance zu geben.

Beruf

Neue Türen öffnen sich Ihnen. Man unterbreitet Ihnen ein Angebot, möglicherweise auf dem Beratungssektor. Es ist auch möglich, dass Sie heute eine telefonische Zusage bekommen und ein neues Projekt beginnen oder eine neue Arbeitsstelle antreten können.

Gesundheit

DIE EULEN stehen für erhöhten Blutdruck, der durch Hektik und Stress bedingt ist. Schalten Sie ab, genießen Sie die Ruhe bei einer Tasse Tee und guter Literatur.

Bachblüte

Der Chef hat Sie wieder einmal übersehen? Ihr Partner hat Sie abermals versetzt? Wenn Sie sich klein und unwichtig vorkommen, wenn Sie sich unwert und schuldig fühlen, dann hilft Ihnen Pine (Kiefer), die Blüte gegen Schuldgefühle und Autoritätshörigkeit, Ihr Selbstwertgefühl zurückzugewinnen.

Das Kind

Sinnspruch: Du bist frei – die Welt steht dir offen.

Stichwort: Neuanfang

Tagestendenz

Sinnbildlich kann man sagen: Eine Geburt steht bevor. Von Ihnen unbemerkt, hat sich über Jahre hinweg ein »Baby« in Ihnen entwickelt, das Ihre individuellen Fähigkeiten und Talente in sich vereint. Nun stehen Sie kurz davor, Ihr Potenzial, Ihre Ideen, Ihre Projekte in die Welt zu bringen. Klopfen Sie Ihr Weltbild auf falsche Wertvorstellungen hin ab, dann erkennen Sie Ihr »Baby«.

Liebe

DAS KIND steht für eine frische Beziehung mit einem deutlich jüngeren Partner. Sie selbst haben ein jugendliches Äußeres und eine kecke Einstellung zum Leben. Mit Gleichaltrigen gibt es zuweilen Probleme, da Ihr Temperament nicht zu zügeln ist. Sie akzeptieren jetzt, dass Sie sich wesentlich jünger fühlen und verhalten sich dementsprechend.

Beruf

Aus der Garage zum Weltkonzern. Das muss kein Traum bleiben! Ihre neugeborene Geschäftsidee wird sich durchsetzen und das, obwohl Sie nie den Profit im Auge hatten. Sie werden Erfolg haben, weil Sie etwas Ureigenes kreieren.

Gesundheit

DAS KIND steht für sämtliche Arten von Kinderkrankheiten wie Masern, Röteln oder Windpocken. Es verspricht aber auch positive Nachrichten in Bezug auf eine Krankheit.

Bachblüte

Sie verspüren wenig Lebenslust, schwelgen in Erinnerungen und glauben, dass früher alles besser war? So erkennen Sie das Glück nicht, das direkt vor Ihrer Nase liegt. Honeysuckle (Geißblatt) sorgt dafür, dass Sie Ihre traurigen Gedanken überwinden.

Der Fuchs

Sinnspruch: Verständnis ist wertvoller als ein großes Wissen.

Stichworte: Intellekt; Hinterhalt

Tagestendenz

Intrige, Verrat, Betrug? Im negativen Fall könnte ein Hinterhalt auf Sie warten. Im positiven Fall wird ein genialer Plan aufgehen.

Liebe

Ihre manchmal »holperige« und schmerzliche Vergangenheit hat Sie in Liebesdingen vorsichtig, klug und weise werden lassen. Sie fallen nicht noch einmal auf einen falschen Partner herein, lassen sich nicht mehr von Äußerlichkeiten und heuchlerischen Liebesworten blenden. Das war Ihnen noch nie so klar wie heute.

Beruf

Ihr Plan geht heute auf. Mit dem FUCHS an Ihrer Seite gelingen Ihre Vorhaben; Konzepte werden in die Tat umgesetzt. Ihre taktische kluge Vorgehensweise wird sich auszahlen. Seien Sie aber auf der Hut vor Neidern und behalten Sie Ihre Absichten für sich.

Gesundheit

DER FUCHS bedeutet eine Warnung. Sie bekommen eine falsche Prognose oder eine Krankheit, die in Wahrheit gar keine ist. Folgerichtig ist eine Behandlung ausgeschlossen.

Bachblüte

Ist es nicht auch qualvoll und anstrengend für Sie, wenn Sie stets in die Menge drängen, um sich selbst hervorzuheben? Heather (Schottisches Heidekraut) ist die Blüte für selbstverliebte und zugleich stark egoistische Menschen mit übermäßig ausgeprägtem Publikumsdrang. Heather sorgt dafür, dass Sie gegenüber Ihren Mitmenschen wieder mehr soziales Engagement zeigen können.

Der Bär

Sinnspruch: Die polierte Oberfläche hat ihren Preis.

Stichwort: Wohlstand

Tagestendenz

Sie sind ein Siegertyp – zumindest heute – und erreichen Ihre kurzfristigen Ziele im privaten wie im beruflichen Bereich.

Liebe

Sie haben einen mental starken Partner. Sie lernen einen selbstständigen Unternehmer oder eine Unternehmerin kennen und arbeiten mit ihm/ihr zusammen in der eigenen Firma. Aber Vorsicht! Es besteht die Gefahr, dass Sie sich auseinanderleben, achten Sie deshalb immer auf genügend gegenseitige Zuwendung, damit die Liebe nicht materiellen Vorzügen weichen muss.

Beruf

Verabschieden Sie sich von der Abhängigkeit des Angestelltendaseins! Jetzt werden Nägel mit Köpfen gemacht – Sie werden Ihr eigener Herr. Eventuell bekommen Sie aber auch ein verführerisches Angebot für eine eigenverantwortliche Tätigkeit. Ein Gönner meint es gut mit Ihnen.

Gesundheit

Sie sind oft überreizt. Üben Sie sich in Meditation, Yoga oder autogenem Training. Es ist wichtig, dass Sie lernen, Ihr inneres Gleichgewicht zu halten, damit Sie entspannt jede Aufgabe lösen können.

Bachblüte

Beim Hausputz oder beim Vorbereiten einer Veranstaltung legen Sie übertriebenen Perfektionismus an den Tag. Das führt zu dem Gefühl, niemals fertig zu werden. Vervain (Eisenkraut) ist die Blüte für Fanatiker. Diese Pflanze hilft Ihnen, Ihre Energien mit Bedacht einzusetzen und mit Gelassenheit zum Ziel zu gelangen.

Die Sterne

Sinnspruch: Visionen werden durch Inspiration geboren.

Stichwort: Spiritualität

Tagestendenz

Sie tauchen ab, ziehen sich zurück, um neue Erkenntnisse zuzulassen. Weil Sie die Welt einfach mit anderen Augen sehen und daran arbeiten, Ihren Horizont zu erweitern, kann es sein, dass Sie missverstanden werden. In Kürze haben Sie eine wunderbare Idee.

Liebe

Sie spüren es schon länger: Auf Sie wartet ein neuer Partner. Es ist ein Mensch, der einen spirituellen Weg geht. Es dauert jetzt nicht mehr lange, und er wird sich zu erkennen geben. Dieser ungewöhnliche Mann oder diese einzigartige Frau ist frei von gesellschaftlichen und materiellen Zwängen.

Beruf

Sie hatten schon immer gewisse Vorahnungen und können beispielsweise negative Energien deutlicher wahrnehmen als Ihre Mitmenschen. Der Himmel meint es heute gut mit Ihnen und ebnet Ihnen eine berufliche Laufbahn im spirituellen Bereich. Ergreifen Sie die Gelegenheit

Gesundheit

Sternenkunde in der Nacht, Spaziergänge am Abend oder in den frühen Morgenstunden, barfuß durch den Regen laufen, die Natur wahrnehmen und mit ihr leben – das entspricht Ihnen zurzeit und tut Leib und Seele gut. Sie sind ans große Ganze angeschlossen und frei von Gebrechen.

Bachblüte

Jeder versucht Sie zu maßregeln und ist der Meinung, man müsse Sie an die Hand nehmen, weil Sie angeblich einen unwissenden oder hilflosen Eindruck erwecken – und Sie lassen diese »Erziehungsmaßnahmen« auch noch zu? Centaury (Tausendgüldenkraut) ist die Blüte für mehr Durchsetzungsfähigkeit. Wenn Sie sich willensschwach und fremdbestimmt fühlen, so bringt Ihnen Centaury das nötige Selbstbewusstsein.

Die Störche

Sinnspruch: Nur wer wagt, gewinnt.

Stichwort: Veränderung

Tagestendenz

Haben Sie »Bauchschmerzen« bezüglich einer unbequemen Situation, so tritt heute eine deutliche Besserung ein. Ihr Vorhaben wird gelingen.

Liebe

Zeit des Nestbaus. Sind Sie noch Single, dann wird sich das bald ändern – versprochen. Sollten Sie in Ihrer bestehenden Partnerschaft unzufrieden sein, so wartet schon ein neuer Partner auf Sie oder es tritt endlich die ersehnte Besserung ein.

Beruf

Die nächste Sprosse auf der Karriereleiter bietet sich Ihnen dar – in der aktuellen Firma oder woanders. In jedem Fall ist mehr Bewegung angesagt, eine Aufgabe, die Sie (mehr) erfüllt; möglicherweise kommen Sie jetzt mit dem Ausland in Berührung. Sind Sie zurzeit arbeitslos, dann rechnen Sie damit, bald einen Vertrag zu unterschreiben.

Gesundheit

Eine Krankheit entwickelt sich zum Positiven; ein guter Ausgang steht bevor.

Bachblüte

Wo haben Sie nur wieder die Akte hingelegt? Mit wem hatten Sie am Dienstag eine Verabredung? Und überhaupt, da war doch etwas, woran Sie sich erinnern wollten ... Chestnut Bud (Knospe der Rosskastanie) ist die Blüte für Zerstreute. Wenn Ihnen immer wieder die gleichen Fehler unterlaufen, wenn Sie unkonzentriert und langsam sind, dann könnte Chestnut Bud eine entscheidende Änderung bringen und Ihnen helfen, einen wichtigen Lernschritt zu bewältigen.

Der Hund

Sinnspruch: Wer treu ist und vertraut,
ist auf Dauer im Vorteil.

Stichworte: Treue und Freundschaft

Tagestendenz

Sie sind sozial eingestellt, das Wohl Ihrer Mitmenschen liegt Ihnen am Herzen. Sie helfen gern bei Renovierungsarbeiten oder kochen für Freunde und Familie. Heute aber werden Sie verwöhnt, oder es wird Ihnen geholfen, weil Ihnen die Arbeit derzeit über den Kopf wächst.

Liebe

Sie leben in einer stabilen, gut funktionierenden Partnerschaft, und doch sehnen Sie sich emotional nach mehr – vielleicht nach einem leidenschaftlicheren Partner? Es ist mehr als wahrscheinlich, dass sich ein neuer Liebespartner bald als ungefähr so leidenschaftlich wie sein Vorgänger entpuppen würde. Leidenschaft braucht gute Pflege!

Beruf

Ein netter Mann, ein guter Freund oder Kollege greift Ihnen unverhofft und tatkräftig unter die Arme und vermittelt Ihnen einen guten Job oder unterstützt Sie bei Ihren Projekten, so dass Sie endlich die Anerkennung finden, die Ihrem Fleiß, Ihrer Kreativität und Loyalität gerecht werden.

Gesundheit

Ihr Gesundheitszustand wird sich stabilisieren, Ihre Pferdenatur durch eine solide Lebensführung – die Sie jetzt verfolgen sollten – wieder durchsetzen.

Bachblüte

Sie träumen davon, mit Ihrem/Ihrer Liebsten in einem Schloss oder auf einer einsamen Insel zu leben? Sie sehen sich als Sieger in einem Wettkampf, für den Sie eigentlich noch nicht trainiert haben? Clematis (Weiße Waldrebe) ist die Blüte für Tagträumer und Unaufmerksame. Sie verhilft Ihnen dazu, wieder Freude an der Gegenwart zu haben und konstruktiv in der Wirklichkeit zu leben.

Der Turm

Sinnspruch: Alleinsein ist der Weg zur Erleuchtung.

Stichwort: Staat, Grenze, Isolation

Tagestendenz

Ein Tag der Abgeschiedenheit und Isolation ist heute angesagt. Sie ziehen sich zurück, igeln sich ein oder sind fleißig, weil Sie Vorbereitungen treffen müssen.

Liebe

Sie durchleben gerade eine Trennungsphase, die sehr schmerzhaft ist. Nutzen Sie diese Zeit, um die Defizite der zerbrochenen Partnerschaft zu erkennen, sich zu verabschieden und loszulassen. Lassen Sie die schmerzlichen Gefühle zu, Sie haben keine andere Wahl. Flucht und Verdrängung würden Ihre Qual nur unnötig verlängern.

Beruf

Projektvorbereitung: Sie lernen für eine Prüfung oder ein Diplom, Sie erarbeiten ein vielversprechendes Konzept, um es aussichtsreich und Gewinn bringend bei einem Unternehmen unterzubringen oder um sich damit selbstständig zu machen.

Gesundheit

DER TURM symbolisiert die Wirbelsäule. Stundenlanges Sitzen im Bürosessel oder am heimischen Schreibtisch sollten Sie vermeiden. Sorgen Sie für Ausgleich, indem Sie sich massieren lassen oder Ihre Rückenmuskulatur gezielt durch geeignetes Training stärken.

Bachblüte

Sie arbeiten bis zum Umfallen und trotzdem nimmt der zu bewältigende Berg kaum ab? Sie fühlen sich körperlich und seelisch überlastet, weil Ihr Einsatz scheinbar nie groß genug ist? Oak (Eiche), die Blüte für Menschen mit übertriebenem Pflichtbewusstsein, verleiht Ihnen Ausdauer einerseits und Souveränität andererseits.

Der Park

Sinnspruch: Handlungsfreiheit entsteht aus Lebenserfahrung.

Stichwort: Öffentlichkeit

Tagestendenz

Sie werden ausgehen und sich in Gesellschaft bewegen: in die Disco, ins Konzert, ins Kino oder Restaurant, vielleicht auch zu einem Sport-Event. Vielleicht gehen Sie auch nur zu einem Nachbarn, um einen Geburtstag oder eine Einweihungsparty zu feiern.

Liebe

Genießen Sie Ihr Singleleben und diesen besonderen Abschnitt Ihres Daseins noch in vollen Zügen, denn in absehbarer Zeit taucht ein Partner auf, der Ihnen »gefährlich« werden könnte.

Beruf

Es lockt ein einmaliges Angebot im Bereich »Publikumsverkehr«. Das kann in der Gastronomie, im Verkauf oder in der Öffentlichkeitsarbeit sein. Oder ein Unternehmen mit viel Laufkundschaft ist an Ihrer Mitarbeit interessiert.

Gesundheit

Ein Kuraufenthalt oder eine Rehabilitationsmaßnahme wird bewilligt. Eventuell gehen Sie in eine Klinik, um sich durchchecken zu lassen.

Bachblüte

Würden Sie sich selbst beobachten, so müssten Sie zugeben, dass Sie auf Ihre Mitmenschen launisch, aber auch unsicher wirken. Scleranthus, die Blüte für Menschen mit Stimmungsschwankungen und für Unentschlossene, fördert das innere Gleichgewicht, sorgt für mehr Konzentrationsfähigkeit und Entscheidungsfreude.

Der Berg

Sinnspruch: Den Gipfel zu stürmen fordert seinen Preis.

Stichwort: Blockade

Tagestendenz

Beschwerliche Augenblicke bremsen punktuell Ihren Lebensfluss. Doch es sind nur kleinere Hindernisse, die von Ihnen beiseitegeräumt werden müssen.

Liebe

Ihre Partnerschaft kommt nicht so recht in Schwung; es läuft nicht rund. Die Frage lautet: Warum ist das so? Haben Sie eine Dreiecksbeziehung und verbringen einen Teil Ihres Lebens mit Warterei, dann ist es besser loszulassen. Sind Sie in einer langjährigen Beziehung und fühlen sich von Ihrem Partner behindert oder versucht er gar, Sie zu unterjochen? Dann ist es an der Zeit, über einen Total-Umbruch nachzudenken.

Beruf

Etwas blockiert Ihre berufliche Laufbahn. Es gibt drei Möglichkeiten, diesen »Berg« zu meistern. Sie erklimmen ihn – das ist anstrengend; Sie gehen drum herum – das könnte Zeitverschwendung sein; oder Sie machen sich in eine andere Richtung auf – was dort auf Sie wartet, ist unvorhersehbar. Wie auch immer Sie sich entscheiden, eine positive Veränderung in Ihrem Berufsleben erfordert Hartnäckigkeit oder Mut.

Gesundheit

Sie haben aktuell mit einer hartnäckigen Krankheit zu kämpfen, die Sie jedoch überwinden werden, wenn Sie sich diszipliniert verhalten.

Bachblüte

Sie gelten als Nörgler und Miesmacher? Dann ist Beech (Rotbuche) etwas für Sie, die Blüte für Menschen, die Fehler bei anderen nicht tolerieren beziehungsweise nicht entspannt damit umgehen können. Jeder hat Schwächen, Beech hilft Ihnen, diese Tatsache zu akzeptieren.

Die Wege

Sinnspruch: Vertraue dem Untergrund, auf dem du gehst, dann brauchst du den Abgrund nicht zu fürchten.

Stichwort: Entscheidung

Tagestendenz

Sie sind viel unterwegs, verhandeln und kommunizieren mehr als üblich und suchen den Rat Ihrer Mitmenschen, um herauszufinden, wie Sie Ihre Pläne verwirklichen können.

Liebe

Kann es sein, dass Sie gerade zwei Eisen im Feuer haben? Haben Sie sich das nicht schon immer einmal gewünscht – die Wahl zwischen zwei Männern oder zwei Frauen zu haben? Sich doppelt verwöhnen und hofieren zu lassen? Und nun, da es so weit ist, wünschen Sie sich, Sie wären nicht in dieser Situation …

Beruf

Sie sind kreativ. Ihre Ideen sind gerade jetzt an Ihrem Arbeitsplatz gefragt und verhelfen den Kollegen oder dem gesamten Betrieb zur einfachen Lösung eines Problems. Nehmen Sie einfach mal das Zepter in die Hand, denn Entscheidungsfreude, gepaart mit einer ungewöhnlichen Vorgehensweise, werden zum Erfolg führen.

Gesundheit

Sie haben den Hang zu Krampfadern und sollten Ihren Kreislauf einmal am Tag auf Touren bringen. Ein täglicher flotter Spaziergang dürfte schon ausreichend sein. Das stärkt und entlastet die Venen.

Bachblüte

Immer wieder geben Sie auf halber Strecke auf, wenn es darum geht, sich zu verwirklichen. Doch jetzt sind Taten gefragt und konsequentes Vorgehen. Elm (Ulme), die Blüte für Selbstzweifler und Mutlose, unterstützt Sie dabei, indem sie eine Leistungssteigerung bewirkt und Ihnen das nötige Durchhaltevermögen verleiht.

Die Mäuse

Sinnspruch: Hüte Hab und Gut, sonst hat's ein anderer.

Stichwort: Verlust

Tagestendenz

Kummer nagt an Ihnen. Doch Mäuse sind sehr fleißige, bewegliche Tierchen, und auch Sie werden mit Gewandtheit, Ausdauer und Bescheidenheit Ihr Leben so einrichten, dass Sie wieder glücklich werden.

Liebe

Eine Beziehung ging kürzlich zu Ende oder bricht jetzt auseinander. Seien Sie deshalb nicht traurig. Wären Sie beide füreinander bestimmt, so würde das Schicksal diese Trennung nicht dulden.

Beruf

Es läuft schlecht im Job, nichts will so recht von der Hand gehen und die Kollegen sind wenig freundlich. Da möchte man sich am liebsten verkriechen und blaumachen. Tun Sie es! Und suchen Sie sich nebenbei eine bessere Arbeitsstelle – es wird gelingen.

Gesundheit

Vorsicht vor einer Viruserkrankung. Seien Sie nicht übervorsichtig, aber auch nicht nachlässig. So ersparen Sie sich eine langwierige Behandlung und müssen sich nicht krankschreiben lassen.

Bachblüte

Sie gelten als pedantisch und penibel und sind mit diesen Eigenschaften längst selbst unzufrieden? Crab Apple (Holzapfel) ist die Pflanze für Menschen, denen ihre Umgebung und/oder sie selbst nie sauber, ordentlich und aufgeräumt genug sein können. Diese Blüte verleiht Ihnen eine gesunde Einstellung zu Sauberkeit und Ordnung.

Das Herz

Sinnspruch: Verliebtheit ist ein junges Gefühl.

Stichwort: Liebe

Tagestendenz

Herzlichkeit, Fröhlichkeit, Wärme und Geborgenheit erwarten Sie heute in sämtlichen Bereichen. Sie fühlen sich wohl, das spüren Ihre Mitmenschen und reagieren positiv auf Sie.

Liebe

Sie lieben, sind frisch verliebt oder stehen kurz davor sich zu verlieben. Es ist eine Liebe, die bleibt – die »große« Liebe, die unsere Träume und Sehnsüchte erfüllt.

Beruf

Sie üben Ihren Beruf mit Leidenschaft aus, das ist auch für andere nicht zu übersehen. Überstunden sind selbstverständlich, denn Sie merken gar nicht, wie die Zeit bei der Arbeit verrinnt. Wenn Sie sich selbst verwirklichen wollen, ist jetzt der perfekte Zeitpunkt dafür.

Gesundheit

Diese Karte symbolisiert unser lebenswichtigstes Organ, das Herz. Wird es angemessen trainiert, beispielsweise durch regelmäßigen Ausdauersport, dann dürfte es stark genug sein, um Sie ein Leben lang zuverlässig zu begleiten.

Bachblüte

Wurde Ihr Selbstbewusstsein durch eine heftige Lebenskrise angeknackst? Larch (Lärche), die Blüte für Menschen, die sich unterlegen fühlen und von Versagensängsten geplagt werden, verleiht Ihnen neue Kraft, Mut und Selbstvertrauen.

DER RING

Sinnspruch: Die Liebe ist ohne Anfang und Ende.

Stichwort: Bindung

Tagestendenz

Sie haben eine ganz bestimmte Vorstellung im Kopf und begeistern andere dafür, sich mit Ihnen zusammen auf diese Idee einzulassen.

Liebe

Verliebt – verlobt – verheiratet. Jetzt wird gehochzeitet! Treffen Sie ruhig schon alle Vorbereitungen und malen Sie sich dieses Fest in den schönsten Farben aus. Ihr Partner wird Ihnen keinen Korb geben beziehungsweise in einer romantischen Stunde unverhofft um Ihre Hand anhalten. Sind Sie noch allein, dann treffen Sie jetzt den Mann/die Frau Ihres Lebens.

Beruf

Verträge und andere Vorgänge, die Ihre Unterschrift verlangen, stehen bei Ihnen ganz oben auf der Prioritätenliste. Von Ihnen gewünschte Verbindungen kommen jetzt zustande; Sie unterschreiben Gewinn bringende Verträge oder lassen sich aus ideellen Gründen auf eine Organisation ein.

Gesundheit

Chronische, immer wiederkehrende Krankheiten mindern Ihre Lebensqualität. Überprüfen Sie Ihr persönliches Umfeld – Beruf, Partner, Familie, Nachbarn – und räumen Sie mit Missständen auf.

Bachblüte

Sie versuchen, mit Ellbogeneinsatz die Karriereleiter zu erklimmen; im zwischenmenschlichen Bereich meinen Sie, über anderen zu stehen; Sie sind sich selbst gegenüber perfektionistisch und übertreiben es mit Diäten, Körperkultur oder gar Schönheitsoperationen? Rock Water (Wasser aus heilkräftigen Quellen) für Menschen mit dem Hang zu übertriebener Selbstdisziplin, Freudlosigkeit und Perfektionismus, bringt Mäßigung und stärkt die Eigenliebe.

Das Buch

Sinnspruch: Wer selbst ein Geheimnis hütet, sollte andere Geheimnisse ruhen lassen.

Stichworte: Geheimnis; Bildung

Tagestendenz

Sie setzen sich derzeit mit Psychologie, Träumen und Geisteswissenschaften auseinander, verarbeiten aber auch problematische Ereignisse der jüngsten Vergangenheit. Heute wird sich Ihnen ein Geheimnis, etwas Verborgenes offenbaren.

Liebe

DAS BUCH steht auch für eine unausgesprochene Liebe. Vielleicht ist Ihr Partner sehr verschlossen. Wenn er sagt, dass er Sie gern hat, dann ist das schon eine waschechte Liebeserklärung. Das ist kein Scherz! Manchen Menschen fällt es eben schwer, über ihre Gefühle zu sprechen. Seien Sie deshalb geduldig oder fragen Sie in einer intimen Stunde zärtlich danach.

Beruf

Umschulung, Aus- und Weiterbildung usw. werden vom BUCH symbolisiert. Sie drücken noch einmal die Schulbank und orientieren sich beruflich um. Vielleicht lernen Sie auch freiwillig zu Hause im stillen Kämmerlein, um Ihr so erworbenes Wissen im Job einzubringen.

Gesundheit

Sie leiden zurzeit unter Komplexen, Hemmungen und mangelndem Selbstwertgefühl. Das könnte sich psychosomatisch auswirken. Ein Mentaltraining oder Coaching könnte da Abhilfe schaffen. Alternativ wäre es ratsam, einen Psychologen oder Therapeuten zu konsultieren.

Bachblüte

Sie sollten sich nicht länger verstecken, sondern wieder auf Menschen zugehen und einen lockeren Kontakt suchen. Water Violet (Sumpfwasserfeder) unterstützt Sie dabei, denn es hilft gegen Einsamkeit, auch wenn Sie sich die Isolation aus Gründen des Selbstschutzes selbst ausgesucht haben. Tatsächlich aber leiden Sie unter der Kontaktarmut.

Der Brief

Sinnspruch: Ein Brief bedarf der Zeit und nicht des Geldes.

Stichwort: Nachricht

Tagestendenz

Heute bekommen Sie eine heiß ersehnte oder unverhofft positive Nachricht. Sie werden sich darüber freuen und sehen einer glücklichen Zeit entgegen.

Liebe

Über das weite Feld der Kommunikation werden Sie einen Partner kennenlernen. Das kann per Zufall über das Handy oder Telefon sein, eventuell auch über das Internet oder eine Kontaktanzeige – oder die altbewährte, klassische Brieffreundschaft. Jedenfalls könnte sich aus dieser Bekanntschaft eine ernsthafte Beziehung entwickeln.

Beruf

Ein Vertrag oder eine Zusage schneit ins Haus und Sie beginnen eine neue Arbeit. Es ist auch möglich, dass DER BRIEF auf den Medienbereich hinweist und Sie sich auf diesem Gebiet einmal umschauen sollten.

Gesundheit

Beim BRIEF handelt es sich um eine Krankschreibung, einen Krankenbefund, eine Überweisung oder ein Rezept für die Apotheke, das Ihr Arzt, Heilpraktiker oder Homöopath ausstellt.

Bachblüte

Sie fühlen sich müde, überfordert, antriebslos? Hornbeam (Hainbuche) eignet sich für Menschen, die sich schlapp und ausgelaugt fühlen. Die Blüte vertreibt Übellaunigkeit und bringt Ihnen neuen Schwung und frische Energie.

Der Herr

Sinnspruch: Ein Mann ist ein Mann, wenn er sich nicht beweisen muss.

Stichwort: männliche Hauptperson

Tagestendenz

Sie fühlen sich kämpferisch und haben die Eroberung und den Gesamtsieg vor Augen. Sie wollen sich nicht länger unterordnen – in keinem Bereich Ihres Lebens – und setzen das sofort tatkräftig um. Außerdem steht möglicherweise eine interessante Begegnung mit einem Mann aus dem privaten oder geschäftlichen Bereich bevor.

Liebe

Die Gefahr besteht, dass Sie Ihren Partner als Konkurrenten sehen. Es kann aber auch sein, dass Ihnen Ihr Partner umgekehrt Ihren beruflichen Erfolg neidet oder eifersüchtig auf Ihre Wirkung bei Freunden und Kollegen ist. Anstatt gegenseitig Ihre Stärken zu fördern, reiten Sie auf den Schwächen herum. Suchen Sie das klärende Gespräch – ohne Vorwürfe.

Beruf

Ganz in männlicher Manier straffen Sie die Schultern, werfen den Kopf in den Nacken und marschieren in die oberste Chefetage, um eine Gehaltserhöhung oder eine Beförderung einzufordern. Ihr Temperament und sicheres Auftreten werden Ihren Chef total verblüffen, so dass er spontan einwilligt. Wetten, dass …?

Gesundheit

Heute können Sie sich leichtere Blessuren wie Schrammen, Kratzer, Beulen, blaue Flecken, Schwielen und Blasen einhandeln.

Bachblüte

Sie sind übertrieben ängstlich und sehen in allem und jedem eine Gefahr oder etwas Beunruhigendes lauern? Rock Rose (Gelbes Sonnenröschen) ist die Blüte für kleine und große Angsthasen, die Ihnen zu mehr innerer Ruhe, Gelassenheit und Souveränität verhilft. Es ist auch die Notfallmedizin nach einem Unfall oder Schicksalsschlag.

Die Dame

Sinnspruch: Auch die moderne Frau schwelgt in Romantik.

Stichwort: weibliche Hauptperson

Tagestendenz

Es findet eine bedeutende Begegnung mit einer wichtigen Frau aus dem geschäftlichen oder privaten Bereich statt. Entweder werden Sie telefonisch, schriftlich oder persönlich kontaktiert und dürfen sich über einen angenehmen Austausch freuen.

Liebe

Im Bereich der Partnerschaft gerät alles in geordnete Bahnen. Sie sind davon überzeugt, den richtigen Partner gefunden zu haben, und wagen jetzt den Schritt vor den Traualtar, Sie ziehen zusammen in eine Wohnung oder gründen ein gemeinsames Unternehmen.

Beruf

Eine neue Geschäftsverbindung oder ein vertragliches Abkommen steht ins Haus. Auf diesen Moment haben Sie schon lange gewartet und konzentriert darauf hingearbeitet. Diese existenzielle Absicherung verschafft Ihnen die Abgeklärtheit, die Sie für Beruf und Familie brauchen.

Gesundheit

Lassen Sie Ihren Hormonhaushalt überprüfen. Hormone haben einen ungeheuren Einfluss auf die psychische und körperliche Gesundheit. Wenn Sie eventuellen Fehlentwicklungen früh genug gegensteuern, können Sie hormonell bedingte Krankheiten vermeiden.

Bachblüte

Ihre Mitmenschen nehmen Sie oft als selbstverliebt und egozentrisch wahr. Gefällt Ihnen das? Chicory (Wegwarte) ist die Blüte für Egoisten, Narzissten und Menschen, die von Selbstmitleid geplagt werden. Auch bringt Chicory übertriebene Gefühle wieder ins Lot.

Die Lilie

Sinnspruch: Begehrlichkeit ist der Feind der Liebe.

Stichwort: Leidenschaft

Tagestendenz

Vergnügungen und Amüsements locken Sie nach draußen. Doch passen Sie auf, dass keine Katerstimmung aufkommt.

Liebe

Sie stecken mitten in einer Affäre oder sind gerade im Begriff, in eine hineinzuschlittern? Nehmen Sie dieses Strohfeuer nicht allzu ernst und interpretieren Sie nichts hinein, was nicht da ist. Betrachten Sie es als Rausch der Sinne, genießen Sie es und steigen Sie rechtzeitig wieder aus. Dann überstehen Sie diese einmalig aufregende Zeit, ohne Schaden zu nehmen.

Beruf

Ein Förderer, Gönner oder Mäzen wird Sie entdecken, unterstützen und nützlich für Ihre Karriere sein. Ein Quantensprung steht bevor.

Gesundheit

Möglicherweise leiden Sie unter Schwierigkeiten im sexuellen Bereich – dann gehen Sie zu einem Arzt oder Therapeuten Ihres Vertrauens und reden Sie offen mit Ihrem Partner. Schützen Sie sich vor Geschlechtskrankheiten.

Bachblüte

Sie gehen aus rein egoistischen Gründen über Leichen? Sie haben immer den »Sieg« vor Augen und jedes Mittel ist Ihnen recht, um Ihr Ziel zu erreichen? Dann versuchen Sie's doch mal mit Vine (Weinrebe), der Blüte gegen Rücksichtslosigkeit, die dafür sorgt, dass Sie anderen gegenüber mehr Verständnis, Nachsicht und Geduld aufbringen.

Die Sonne

Sinnspruch: Sie schenkt Wärme und Geborgenheit – unsere Mutter und Lebensbegleiterin.

Stichworte: Energie und Erfolg

Tagestendenz

Sie sind heute heiteren Gemüts und strahlen Fröhlichkeit und Optimismus aus. Sie motivieren Ihre Mitmenschen und fördern eine positive Einstellung dem Leben gegenüber. Man sucht Ihre Gesellschaft und fühlt sich wohl bei Ihnen.

Liebe

Es wird heiß – auch, wenn jetzt gerade Herbst oder Winter sein sollte. Romantische Abende mit Sonnenuntergang oder bei Kerzenschein, am Kamin oder Kachelofen können Sie und Ihr Partner ohne Reue genießen.

Beruf

Sie haben eine wahre Erfolgssträhne. Sie gehen mit Elan an neue Projekte und können sich verwirklichen. Sie werden expandieren, die Ergebnisse Ihres Tuns werden von Dauer sein.

Gesundheit

Wechselbäder, Solarium, Sauna, Massagen – verwöhnen Sie Ihren Körper. Ihre Haut und Ihre Seele brauchen jetzt Streicheleinheiten. Gönnen Sie sich diesen Luxus und stehlen Sie sich die nötige Zeit dazu. Ein gewaltiger Energieschub wird Sie anschließend zu Höchstleistungen antreiben. Außerdem nimmt eine Krankheit ein gutes Ende.

Bachblüte

Sie sind ausgelaugt, fühlen sich matt, abgespannt und wollen so gar nicht mehr aus den Federn kommen? Dann hilft Ihnen Olive, die Bachblüte gegen Müdigkeit und Erschöpfung. Sie verleiht Ihnen neue Kraft und Ausdauer.

Der Mond

Sinnspruch: Lieber allein als einsam zu zweit.

Stichwort: Sensibilität

Tagestendenz

Sie sind zurzeit wenig entscheidungsfreudig und werden außerdem von Gefühlsschwankungen geplagt. Sie brauchen jetzt Schutz und Unterstützung durch eine starke Schulter oder führende Hand.

Liebe

Sie fühlen sich von Ihrem Partner wie magisch angezogen, doch zu viel Nähe ertragen Sie beide nicht, so dass Sie sich annähern und dann wieder wegschubsen. So wie der Mond für Ebbe und Flut an den Küsten verantwortlich ist, so gehen Sie aufeinander zu und auch einmal getrennte Wege. Zwischen Ihnen besteht eine einmalige Anziehungskraft. Heute dürfte wieder einmal eine aufregende Begegnung zwischen Ihnen stattfinden.

Beruf

In Kürze werden Sie mit berühmten oder zumindest bekannten Persönlichkeiten in Kontakt kommen, die Ihnen beruflich weiterhelfen. Genauso kann es aber auch sein, dass Sie jetzt aus eigener Kraft heraus Ruhm, Ehre und Anerkennung ernten.

Gesundheit

Leben Sie nach Ihrem persönlichen Biorhythmus oder nach den Mondphasen, damit Sie Ihr Potenzial an Energie optimal nutzen können und beispielsweise wissen, wann Sie Ruhepausen brauchen. Wenn Sie gegen Ihre natürlichen Rhythmen vorgehen, erleiden Sie sonst nur Rückschläge. Außerdem kann es sein, dass Sie eine kurze depressive Phase erleben.

Bachblüte

Das Alleinsein ist Ihnen unerträglich? Sie brauchen unbedingt die Nähe anderer Personen und begeben sich in deren Abhängigkeit? Red Chestnut (Rote Kastanie) ist die richtige Blüte für Sie, wenn Sie sich zu sehr an andere Menschen klammern und übertrieben fürsorglich sind. Sie hilft Ihnen, leichter loszulassen und Verlustängste abzubauen.

Der Schlüssel

Sinnspruch: Loslassen beschert ideellen Reichtum.

Stichwort: Sicherheit

Tagestendenz

Sie sind der Chef und bestimmen die Marschroute. Man darf Ihrem sicheren Instinkt vertrauen und lässt sich gern von Ihnen führen, weil man weiß, dass Freizeit- wie berufliche Aktivitäten, die Sie leiten, so gut wie immer gelingen.

Liebe

Diese Karte ist der »Sicherheitsschlüssel« unter den Lenormand-Karten und gleichzeitig das Ausrufungszeichen. Sie haben schon den richtigen Partner gefunden oder gehen demnächst eine glückliche und zuverlässige Bindung ein.

Beruf

DER SCHLÜSSEL ist eine Trumpfkarte. Ihre beruflichen Pläne und Vorhaben werden Realität, selbst wenn Sie sie für ferne Visionen oder Traumschlösser halten. Sie rennen mit Ihren Anliegen offene Türen ein oder haben springende Ideen, die sich später bezahlt machen.

Gesundheit

Alle Fragen in Bezug auf Ihren Gesundheitszustand werden mit dem SCHLÜSSEL positiv beantwortet. Eine Operation verläuft erfolgreich, eine Krankheit ist bald vergessen und Sie brauchen keine körperlichen Probleme zu befürchten. Gesundheit pur erwartet Sie. Chronische Leiden werden sich bessern.

Bachblüte

Wenn Sie häufig Wutausbrüche haben oder unter unkontrollierbaren Gefühlsanwandlungen leiden – mit Cherry Plum (Kirschpflaume) bekommen Sie Ihr Gefühlsleben in den Griff.

Die Fische

Sinnspruch: Geld kommt mit Schritten und geht mit Sprüngen.

Stichwort: Finanzen

Tagestendenz

Eine Geldüberweisung beziehungsweise eine größere Summe ist an Sie unterwegs. Erwarten Sie gar kein Geld, dann kann es recht überraschend kommen – oder Ihr Tagesmotto kehrt sich ins Gegenteil um: Sie geben Geld aus, weil Sie tüchtig feiern werden.

Liebe

Sie sind allein, ohne Partner und haben gerade eine heftige Krise durchgestanden. Jetzt ernten Sie den Lohn für die bitteren Stunden, die Sie hinter sich haben. Ein Mann oder eine Frau mit einem eigenen Unternehmen kommt auf Sie zu. Sie werden sich verlieben und in dieses Geschäft mit einsteigen.

Beruf

Sie sind ein kleiner Glücksritter. Ein Gewinn bringender Vertrag ist bereits an Sie unterwegs, vielleicht bekommen Sie heute auch eine Zusage für eine geschäftliche Angelegenheit? Alle beruflichen Vorgänge nehmen jetzt richtig Fahrt auf.

Gesundheit

Die Nieren sind ein wichtiges Organ, das unser Blut reinigt. Setzen wir unserem Blut unnötig Schadstoffe durch Medikamente, fette Speisen oder Alkohol zu, so nimmt die Leistungsfähigkeit der Nieren ab. Versuchen Sie bewusst zu leben.

Bachblüte

Keiner kann Sie verstehen; alle sind gemein zu Ihnen; und niemand erkennt Ihr wahres Wesen? Willow (Gelbe Weide) ist die Blüte für Menschen, die sich häufig ungerecht behandelt fühlen und dadurch in Selbstmitleid versinken. Willow hilft Ihnen, Ihre Lage objektiv zu überdenken und Fehler auch bei sich selbst zu suchen.

Der Anker

Sinnspruch: Suche eine Arbeit mit Lust, dann ist es (fast) keine Arbeit mehr.

Stichwort: Beruf und Arbeit

Tagestendenz

Durch Ihr psychologisches Gespür erkennen Sie Missstände und Defizite und haben die Lösung für scheinbar aussichtslose Probleme parat. Heute erwartet Sie ein arbeitsreicher Tag, Sie sind fleißig und schaffen ein großes Stück unerledigter Aufgaben.

Liebe

Sie haben Ihren Heimathafen längst gefunden und fühlen sich bei Ihrem Partner sehr wohl. Wenn gerade erst eine neue Person in Ihr Leben getreten ist und Sie sich fragen, ob Ihre Liebe auch erwidert wird, so bestätigt das DER ANKER.

Beruf

Eine neue Tätigkeit kommt jetzt wie gerufen. Heraus aus dem Trott des Alltags und der täglichen Routine! Sie werden in ein Team integriert, in dem Sie sich hervorragend einfügen und mit dem Sie gemeinsam neue Ziele mit viel Spaß, Lust und Laune erreichen werden.

Gesundheit

Genusssucht verschafft Ihnen das eine oder andere Pölsterchen sowie einen etwas müden Körper und abgespannte Haut. Genuss in Maßen sollte Ihr oberstes Gebot sein. Beschränken Sie die süßen Sünden und steigen Sie um auf Qualität statt Quantität.

Bachblüte

Ihnen fehlt ein intaktes soziales Umfeld, Sie sondern sich ab, weil Sie keinen Grund darin sehen, am Leben teilzuhaben? Gorse (Stechginster) ist die Blüte für Menschen, die den Sinn des Lebens nicht mehr sehen und zu Depressionen neigen. Gorse verschafft Ihnen den nötigen Optimismus und eine gesündere und vitalere Lebenseinstellung.

Das Kreuz

Sinnspruch: Das Schicksal lässt sich nicht umgehen, aber gestalten.

Stichwort: Schicksal

Tagestendenz

Eine Prüfung steht bevor – im zwischenmenschlichen Bereich, im Beruf oder im Hobby. Sie werden sie bestehen – allerdings unter gehörigem Kraftaufwand.

Liebe

DAS KREUZ kann zweierlei bedeuten. Entweder haben Sie eine Partnerschaft, die eher einer Achterbahnfahrt ähnelt und an die Substanz geht, dann sollten Sie sich aus ihr lösen. Oder Sie haben den Partner fürs Leben gefunden, pflegen gemeinsame Interessen und sind füreinander da.

Beruf

Ihre Tätigkeit ist Ihre Berufung oder Sie werden eine Ihrer Fähigkeiten zu einer solchen weiterentwickeln. Es kann ganz banal über ein handwerkliches Hobby, Gedichteschreiben oder vielleicht über Ihre Kochkünste beginnen – es gibt viele Möglichkeiten. Voraussetzung ist nur, dass Sie Ihre persönliche Passion mit Eifer und Enthusiasmus betreiben.

Gesundheit

DAS KREUZ symbolisiert den unteren Rückenbereich. Achten Sie auf Ihre Bandscheiben. Es kann sein, dass ein Nerv gereizt wird, was schmerzhaft werden kann.

Bachblüte

Rescue Remedy (Notfalltropfen) ist das Allzweckmittel für alle Arten von negativen Zuständen wie Schock oder akuter Angst. Mit dieser Blüte lässt sich viel bewirken, und wenn Sie heute ein Tief haben, dann versuchen Sie es einmal damit. Wer weiß, vielleicht amüsieren Sie sich in ein paar Stunden schon oder erleben einen unerwartet entspannten Tag?

LEGESYSTEME UND KARTENBILDER

Legesysteme sind seit je das eigentliche Handwerk der Kartenlegekunst. Denn erst das größere Kartenbild macht es möglich, ein komplexeres Abbild der Wirklichkeit mit ihren vielfältigen Aspekten zu erhalten.

Bevor wir zum »großen Kartenbild« kommen – sozusagen der Königsdisziplin des Kartenlegens –, möchte ich Ihnen zunächst zwei relativ einfache und kompakte Legesysteme vorstellen. Sie dienen als Einstieg zur Deutung des »großen Kartenbildes«, haben aber durchaus auch ihre eigenen Vorzüge. Sie eignen sich nämlich nicht nur gut zum Üben, sondern können auch dann dienlich sein, wenn Sie für das große Kartenbild keine Zeit haben oder ohnehin nur an einem Ausschnitt der Realität beziehungsweise einer Detailfrage interessiert sind.

Beide Systeme – das »kleine Legesystem« und das »kleine Kartenbild« – haben sich in meiner langjährigen Praxis als professionelle Kartenlegerin bewährt und sind auch bei anderen Kartenlegern, seien es Profis oder Laien, äußerst beliebt. Sie werden zuerst das jeweilige System kennenlernen und dann anhand von authentischen Beispiellegungen nachvollziehen können, wie das Ganze in der Praxis aussieht.

Für diese Art von Legesystemen müssen Sie die klassischen Einzelaussagen der Karten kennen, die sich von den Deutungen des Tagesorakels in der Hinsicht unterscheiden, dass lediglich die einfachen Überbegriffe und ihre simplen Zuordnungen relevant sind. Das liegt daran, dass die Karten im Tagesorakel ja bereits auf bestimmte Lebensbereiche hin analysiert wurden – eine Karte beinhaltet hier vielerlei Aussagen. Beim Legesystem und den Kartenbildern hingegen ergibt erst die Kombination der Karten die eigentliche Aussage. So wird eine detaillierte, facettenreiche und ganz individuelle Deutung möglich, die das direkte Lebensumfeld des Fragestellers samt wichtiger Personen und Situationen mit einbezieht.

Das erste System, das ich Ihnen vorstellen möchte, ist das kleine Legesystem, wofür jeweils drei Karten benötigt werden. Es ist optimal für die ersten Schritte geeignet, um zu lernen, wie man mit den Einzelaussagen der Karten jongliert, um eine treffsichere Prognose zu stellen.

Danach beschäftigen wir uns mit dem kleinen Kartenbild, welches aus neun Karten besteht, und auf das kleine Legesystem aufbaut. Es ist die Vorstufe zum großen Kartenbild, das sozusagen den Königsweg des Wahrsagens mit Hilfe der Lenormand-Karten bildet. Natürlich können Sie Ihre Weissagungen auch generell nur aus einem der Systeme beziehen, wenn Sie es sich zum Beispiel noch nicht zutrauen, ein großes Kartenbild zu deuten oder es Ihnen zu aufwendig erscheint. Sie werden schnell Ihren persönlichen Favoriten herausfinden.

Klassische Einzelaussagen

Wie schon gesagt, sind für die Legesysteme die ursprünglichen einfachen Bedeutungen der 36 Lenormand-Karten relevant. Sie benötigen sie als Grundhandwerkszeug, um Kartenbilder zu deuten. Die Aussagen wurden auf zeitgemäßen Stand gebracht und sind im Folgenden kurz und knapp dargestellt. So wird es Ihnen bald leichtfallen, den einzelnen Karten die entsprechenden Schlagwörter zuzuordnen und sie auf Abruf parat zu haben. Im Grunde sind die Symbole großenteils ohnehin recht eindeutig und erschließen sich Ihnen beim Betrachten der Karten fast von selbst.

1 Der Reiter

Der Reiter steht in erster Linie für erfreuliche Botschaften, Kurierdienste, aber auch für einen jüngeren Mann, eine sportliche Betätigung oder ein Fortbewegungsmittel – in der heutigen Zeit häufig das Auto.

2 Der Klee

Diese Karte bedeutet eine berechtigte Hoffnung, schnelles, aber auch kurzfristiges Glück.

3 Das Schiff

Reisen mit dem Flugzeug, Bus, Bahn oder Auto und natürlich auch mit dem Schiff, kleine und große Ausflüge, Geschäfte und Erbschaften werden mit dem Schiff in Verbindung gebracht. Es steht auch für die Sehnsucht ganz allgemein.

4 Das Haus

Das Haus steht für das eigene Heim, ganz allgemein für ein Haus, die Familie, aber auch für Bodenständigkeit und Heimatverbundenheit.

5 Der Baum

Mit dem Baum wird vorrangig der medizinische Bereich angesprochen – Gesundheit und Krankheit, das Gesundheitswesen und dessen gesamtes Umfeld.

6 Die Wolken

Die Wolken stehen für einen älteren Mann, eventuell den Expartner, für Unklarheiten und Rückschläge. Je nach dem, auf welcher Seite sich die helle (die Wolken verziehen sich) oder dunkle Seite der Wolken befindet (ein Gewitter ist im Anmarsch), betrifft es die daneben liegende Personen- oder Sachkarte entsprechend negativ oder positiv.

7 Die Schlange

Eine Karte mit zwei Bedeutungen: Entweder symbolisiert Die Schlange Verwicklungen, Irrwege, Komplikationen oder eine weibliche Person, wie eine Tochter, Schwester, Freundin, Kollegin usw. In Kombination mit dem Fuchs kann diese Karte aber auch für Rivalität stehen.

8 Der Sarg

Der Sarg hat immer eine negative Bedeutung. Aber keine Angst, meist handelt es sich um einen heftigen, kurzfristigen Schrecken. Die Karte kann aber auch Krankheit bedeuten und dass sich etwas dem Ende neigt. Der Sarg ist auch die Karte der Wiedergeburt im Sinne eines Neuanfangs.

9 Die Blumen

Die Blumen stehen für angenehme Überraschungen, Geschenke, Einladungen, Vorstellungsgespräche und sind generell eine Glückskarte, ideelle Dinge betreffend.

10 Die Sense

Für Schmerzen und Gefahr steht Die Sense, aber auch dafür, dass etwas schnell und spontan geschieht. In geschäftlichen Dingen symbolisiert sie die Zeit der wohlverdienten Ernte. Achten Sie darauf, wohin die Spitze der Sense zeigt, hier wird das Thema angezeigt, das von der Sense betroffen ist – positiv oder negativ.

11 Die Rute

Streit, Diskussionen, Gespräche und Vorträge werden mit der Rute in Verbindung gebracht. Manchmal weist sie auf einen trennenden Aspekt hin, was daher rührt, dass hier auf früheren Kartenabbildungen ein Schwert dargestellt war. Die Karte kann aber auch fürs Tanzen stehen. Man kann das so ableiten, indem man sich auf den neben der Rute abgebildeten Besen bezieht, der beim Fegen eine tanzende Bewegung macht.

12 Die Eulen

Die Eulen stehen vordergründig für einen Anruf. Liegen sie in direkter Nachbarschaft einer Personenkarte (zum Beispiel Das Kind oder Der Herr), dann führt diese Person meistens noch am selben Tag ein wichtiges Gespräch. Jedoch bringen Die Eulen auch Kummer und Sorgen, die aber nur von kurzer Dauer sind, und sorgen für Aufregung und Nervosität.

13 Das Kind

Das Kind wird beim Kartenlegen als genau das verstanden: ein Kind – das kann ein Junge oder ein Mädchen sein. Ebenso kann es eine weibliche, deutlich jüngere Person symbolisieren, die in Kombination mit dem Fuchs häufig auch eine Nebenbuhlerin darstellt. Die Karte steht auch für einen privaten oder beruflichen Neuanfang.

14 Der Fuchs

Häufig hat Der Fuchs einen negativen Charakter im Sinne von Hinterlist, Betrug oder Intrige. Er kann aber auch positiv gedeutet werden, als Klugheit oder Raffinesse, besonders dann, wenn eine taktische Vorgehensweise gefragt ist oder ein kluger Plan geschmiedet werden soll.

15 Der Bär

Meist verbirgt sich eine »offizielle« (männliche) Person hinter dem Bären. Dies kann ein Anwalt, ein Steuerberater, ein Makler, Unternehmer, Lehrer oder Ähnliches sein. In Bezug auf ältere Personen ist es eine geschlechtsneutrale Karte. Außerdem steht Der Bär für Besitz und Wohlstand.

16 Die Sterne

Die Sterne stehen für Spiritualität beziehungsweise die geistige Ebene und bringen uns Weisheit und Klarsicht. Die Karte steht außerdem für Eingebungen und fruchtbare Ideen.

17 Die Störche

Das Stichwort für Die Störche lautet Veränderung. Wir machen eine Reise, ziehen um, renovieren unsere Wohnung, erwarten Nachwuchs, heiraten oder trennen uns von unserem Partner oder wechseln den Job.

18 Der Hund

Treue und Freundschaft gehen vom Hund als Einzelaussage aus. Er steht aber auch für einen Mann, den wir kennen und später lieben lernen oder für eine Person, die uns bei wichtigen Anliegen unterstützt.

19 Der Turm

Der Turm steht immer für eine Grenze oder Begrenzung, symbolisiert zumeist aber Behörden, Ämter, Selbstständigkeit, Einsamkeit, Distanz sowie eine Phase, in der Fleiß und Ausdauer gefragt sind.

20 Der Park

Der Park steht für Öffentlichkeit und Gesellschaft. Es kann also eine Party im großen oder kleinen Rahmen anstehen, vielleicht auch ein Besuch im Kino, im Restaurant oder ein sportliches Event. Außerdem kann Der Park auch für Grünanlagen oder Natur pur stehen.

21 Der Berg

Auf der geistigen und/oder auf der realen Ebene treffen Sie auf eine Blockade oder ein Hindernis. Es ist ein Wink des Schicksals, das Ihnen sagt, dass ein falscher Weg beschritten wird oder der eingeschlagene Pfad noch nicht richtig durchdacht wurde.

22 Die Wege

Das ist die Karte der Entscheidungen, die getroffen werden müssen. Alternativ kann ganz banal ein Weg oder eine Straße gemeint sein.

23 Die Mäuse

Die Mäuse stehen für Verlust, Kummer, Krankheit und anderes Negative. Sie sind die »kleinen Diebe« und können die Aussage von guten Karten abschwächen oder gar vernichten oder vorhandene negative Karten ganz verschwinden lassen. Tauchen beispielsweise Die Mäuse in Kombination mit dem Berg auf, dann bedeutet das, dass eine Blockade oder ein Hindernis beseitigt wird. Generell ist es so, dass gute Karten neben den Mäusen ins Negative verkehrt werden, Negative werden durch Die Mäuse aufgehoben.

24 Das Herz

Das Herz hat eine ganz eindeutige Symbolik: Liebe, Gefühle und Partnerschaft. Ist diese Karte von weiteren positiven Karten umgeben, dann darf sich der Ratsuchende glücklich schätzen.

25 Der Ring

Partnerschaft, Verlobung, Hochzeit, Ehe, Verträge, Vereine und allgemeine Abmachungen sowie sämtliche Arten von Bindungen werden dem Ring zugeordnet.

26 Das Buch

Das Buch steht in erster Linie für ein Geheimnis oder für Verschlossenheit. Es kann aber auch ganz banal »Papierkram«, Bücher oder Dokumente bedeuten. Ebenso können eine Umschulung oder Ausbildung, ein Studium oder die Schriftstellerei gemeint sein. Manchmal symbolisiert Das Buch auch ein Seminar oder Intelligenz.

27 Der Brief

Der Brief steht für alle Arten von Kommunikation und Verwaltung. Briefe, Verträge, Akten, Telefonate, SMS, aber auch das Internet werden durch diese Karte symbolisiert.

28 Der Herr

Sind Sie ein Mann oder befragen Sie für eine männliche Person die Karten, dann sollte Ihr Blick zuerst auf diese Karte fallen. Sie ist der Ausgangspunkt Ihrer Deutung in einem großen Kartenbild. Ansonsten steht Der Herr für den Partner (auch Herzensmann) oder auch für eine neutrale männliche Person.

29 Die Dame

Sind Sie eine Frau oder befragen für eine weibliche Person die Karten, so ist dies im Kartenbild der Ausgangspunkt für Ihre Deutung. Ansonsten steht Die Dame für die Partnerin oder eine neutrale weibliche Person.

30 Die Lilie

Diese Karte stellt einen Förderer, Gönner oder Unterstützer dar. Außerdem steht Die Lilie für Leidenschaft, Sexualität, Harmonie, die Familie, das Sozialwesen, den Winter oder einen Mann, mit dem man eine Liebelei hat.

31 Die Sonne

Die Sonne steht für Wärme, Energie, Erfolg und Glück, den Süden und das südliche Ausland. Sie kann aber auch die Finanzen ansprechen.

32 Der Mond

Ruhm, Ehre, Anerkennung, im Rampenlicht stehen – all das symbolisiert Der Mond, ebenso Gefühle, Sensibilität und Gefühlsschwankungen bis hin zur Depression.

33 Der Schlüssel

Etwas wird mit Bestimmtheit eintreten. Der Schlüssel steht für Sicherheit und absolutes Gelingen in sämtlichen Bereichen des Lebens, besonders auch in Situationen, die dem Ratsuchenden wichtig sind.

34 Die Fische

Die Fische stehen in erster Linie für Finanzen, Geschäfte und berufliche Unternehmungen. Auch das Wasser symbolisieren sie und den Alkohol.

35 Der Anker

Beruf und Arbeit sind die Stichworte für den Anker. In Kombination mit weiteren umliegenden Karten gibt er Aufschluss über Dinge, die mit diesem Thema in Verbindung stehen. In Beziehungsfragen hat man das passende Gegenstück gefunden – die Liebe wird erwidert.

36 Das Kreuz

Hier ist das Schicksalskreuz gemeint, die Bestimmung, die Last und die Bürde: »Man hat ein Kreuz zu tragen.« Eine Prüfung kann ebenfalls gemeint sein, manchmal auch ein Verlust.

Das kleine Legesystem

Das kleine Legesystem eignet sich für Einsteiger, Ungeübte und Eilige, da aufgrund der geringen Anzahl der gezogenen Karten eine schnelle und relativ leichte Prognose möglich ist. Möchten Sie lediglich erfahren, ob eine bestimmte Situation gut für Sie ausgeht oder wie sie sich entwickeln wird, ohne dabei in die tiefe und komplexe Analyse eines Kartenbildes einzusteigen, so verschaffen Sie sich mit dem kleinen Legesystem einen klaren Überblick. Die Aussagekraft wird durch die geringe Kartenzahl nicht gemindert, sie fällt lediglich weniger komplex aus. Egal, welche Frage Sie beschäftigt, die Karten geben eine exakte Antwort auf eine konkret gestellte Frage, die auch ganz banal sein darf. Es spricht auch nichts dagegen, die Karten einfach aus einer Laune heraus zu befragen oder um sich ein wenig die Zeit zu vertreiben. Häufig wird dabei ein nicht vorhersehbares Ereignis angezeigt, das Sie beim tatsächlichen Eintreffen der Prognose sehr verblüffen und erstaunen wird.

Solch ein unvorhersehbares Ereignis trifft übrigens in der Regel innerhalb der nächsten drei Tage ein, es sei denn, Sie haben eine Frage gestellt und darin einen bestimmten Zeitraum angesprochen. Bei einer Frage, die nicht zeitlich eingegrenzt ist, wird das Kartenbild den Ausgang oder die Entwicklung zeigen, die absehbar ist.

Vorgehensweise

Mischen Sie das gesamte Kartendeck gründlich durch, während Sie sich auf Ihre Frage konzentrieren. Anschließend fächern Sie die Karten verdeckt vor sich auf dem Tisch auf. Ziehen Sie dann drei Karten, wobei Sic vorgehen wie beim Tagesorakel (Seite 17) beschrieben. Decken Sie die Karten in der Reihenfolge, in der Sie sie gezogen haben, auf und nehmen Sie die Deutung vor.

Sollten Sie dabei Ihre Personenkarte ziehen, dann gibt es dabei zwei Möglichkeiten der Deutung:

a) die gezogenen Karten haben einen direkten Bezug zu Ihnen,

b) die Personenkarte repräsentiert nicht Sie selbst, sondern eine Frau oder einen Mann, die/der für diese Legung von Bedeutung ist. Sie selbst können am besten entscheiden, was zutrifft. Meistens haben die übrigen Karten dann aber trotzdem einen direkten Bezug zu Ihrer Person.

Ziehen Sie die Karten unter dem Aspekt einer bestimmten Thematik, und Sie können mit der Legung in Bezug auf diese Frage nichts anfangen, dann besteht die Möglichkeit, dass zu Ihrer speziellen Frage im Moment nichts ansteht oder – im Gegenteil – etwas Bedeutungsvolles passieren wird. Die Karten werden Ihnen in diesem Fall zum richtigen Zeitpunkt eine Antwort geben.

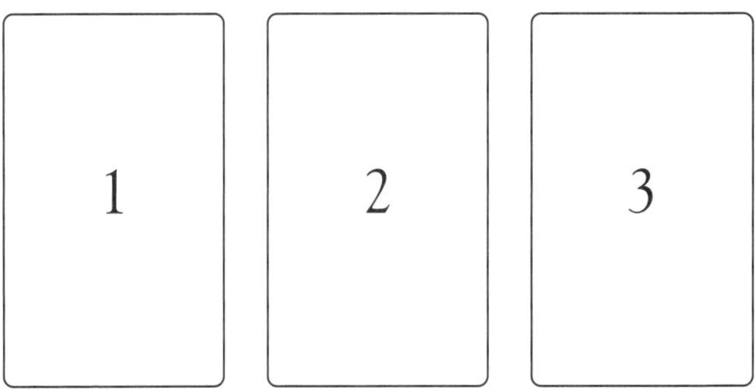

Beispiele: 5 authentische Legungen

Turm – Sarg – Mäuse

Eine Dame befragte die Karten nach einer Angelegenheit mit dem Finanzamt. Sie hatte eine Steuernachzahlung zu leisten, hielt die Höhe des Betrags aber für ungerechtfertigt und meinte, dass hier ein Irrtum vorläge. Die Karten bestätigten ihre Vermutung. Der Turm, der für Behörde steht, symbolisiert das Finanzamt, Der Sarg bedeutet eine negative Angelegenheit, die einem einen gehörigen Schreck einjagen kann, und Die Mäuse, die »kleinen Diebe«, nehmen den Sarg wieder weg, lösen also das Ärgernis auf. In der Tat handelte es sich bei der Steuernachzahlung um ein Missverständnis.

Eulen – Park – Klee

Einer anderen Dame war langweilig, und sie befragte die Karten nur so aus einer Laune heraus. Sie zog dabei die Kombination Die Eulen – Der Park – Der Klee. Die Eulen stehen für ein Telefonat, Der Park für Gesellschaft und Der Klee für schnelles Glück. Die Frau bekam am Abend unverhofft einen Anruf von einer Freundin und die beiden gingen in ein Lokal, wo sie einen vergnüglichen Abend miteinander verbrachten.

Hund – Herz – Blumen

Anlass der Befragung war eine Party, zu der eine Frau eingeladen wurde. Sie wollte wissen, wie dieses gesellschaftliche Ereignis verlaufen würde. Der Abend spielte sich entsprechend der Legung ab: Sie traf auf der Party einen sehr sympathischen und charmanten Mann (Die Blumen, Der Hund) und verliebte sich in ihn (Das Herz).

Bär – Reiter – Haus

Auch hier fand die Ziehung aus einer Laune heraus statt. Der Bär steht für Besitz, aber auch für eine offizielle Person, Der Reiter symbolisiert eine Nachricht und mit dem Haus ist das eigene Zuhause oder auch ein bestimmtes Haus gemeint. Tatsächlich machte sich der Eigentümer des Hauses, in dem der Fragesteller wohnte, zu seinen Vermietern auf, um ihnen mitzuteilen, dass sie durch Renovierungsmaßnahmen einen weiteren Raum in Anspruch nehmen könnten.

Schlüssel – Lilie – Park

Diese sehr interessante Legung ergab sich für eine Dame, die wissen wollte, was sich später am Tag noch zutragen würde. Der Schlüssel steht für Sicherheit, Die Lilie für Leidenschaft und Der Park für die Öffentlichkeit. Folgendes hat sich am Abend zugetragen: Sie bekam Herrenbesuch und die beiden hatten ein intensives Tête-à-Tête auf dem Balkon.

Sie sehen: Mit ein wenig Kombinationsgabe führt das kleine Legesystem recht einfach zu einer klaren Aussage. Mit der Zeit werden Sie immer sicherer werden – vor allem auch, weil Sie Ihre Prognose ja immer wieder mit der tatsächlich eingetretenen Situation abgleichen können.

Das kleine Kartenbild

Nun lernen Sie ein kompaktes Kartenbild im Kleinformat zu deuten, was sich in jedem Fall empfiehlt, bevor Sie sich an das große Kartenbild heranwagen. Natürlich ist das kleine Kartenbild keine Pflicht – und wenn Sie eine fixe Auffassungsgabe haben, vielleicht nicht unbedingt erforderlich. Aber wenn Sie sich langsam herantasten möchten und noch einiges an Übung brauchen, dann liegen Sie mit diesem System goldrichtig.

Das kleine Kartenbild eignet sich bestens, um auf eine bestimmte Situation näher einzugehen und weitere Umstände genauer zu klären. Beim kleinen Kartenbild beträgt der Zeitfaktor etwa sieben Tage; innerhalb dieser Frist treffen die Prognosen ein – vorausgesetzt Sie haben an die Karten keine spezifische Frage und sind nur neugierig auf die Dinge, die da kommen mögen. Liegt eine konkrete Frage Ihrerseits vor, zum Beispiel die Frage nach Ihrem zukünftigen Liebesleben, dann klären die Karten Ihre aktuelle Lage, zeigen positive wie negative Veränderungen auf, sprechen Warnungen aus und kündigen unverhoffte Glücksfälle an. Der angesprochene Zeitraum kann sich dabei um einen unbestimmten Faktor verlängern, der jedoch nicht länger als zwei bis drei Monate beträgt.

Ein wichtiger Tipp nebenbei: Versuchen Sie auch Aussagen, die Ihnen weniger gefallen, zu akzeptieren – oder, wenn Sie für andere die Karten legen, diese schonend zu vermitteln. Mischen Sie die Karten nicht so lange neu, bis Ihnen die Aussage zusagt. Sonst stiften Sie nur Konfusion und werden früher oder später gar keine vernünftigen Antworten mehr erhalten. Legen Sie lieber nach ein paar Tagen des Abstands ein neues Kartenbild – womöglich kündigt es dann schon eine neue und bessere Phase an.

Da beim kleinen Kartenbild – und beim großen sowieso – mehrere Personenkarten ins Spiel kommen können, folgt jetzt eine Liste aller Personenkarten, die Sie sich möglichst gut einprägen sollten.

Die Personenkarten

Die Bedeutungen der Karten, die bei Fragen nach Partnerschaft und Liebe gelten, sind jeweils kursiv.

1	DER REITER:	*jüngerer Geliebter*, junger Mann, Sohn, Kollege, Freund
6	DIE WOLKEN:	*Exmann*, niederträchtige, männliche Person
7	DIE SCHLANGE:	*Rivalin*, Chefin, Kollegin, Geschäftsfrau, Verwandte, Mutter, Tochter, Freundin; Ratsuchende
13	DAS KIND:	*Rivalin (meist jünger)*, jüngere weibliche Person, Kind (geschlechtsneutral), Ratsuchende
15	DER BÄR:	*offizielle Person* (geschlechtsneutral): Rechtsanwalt, Würdenträger, Professor, Makler, Steuerberater, Schulleiter etc., Eltern
18	DER HUND:	*Lebenspartner, zukünftiger Partner*, Freund, Geschäftspartner, jemand, der Hilfe anbietet
28	DER HERR:	*Ratsuchender, Lebenspartner, Exmann/-freund*
29	DIE DAME:	*Ratsuchende, Lebenspartnerin, Exfrau/-freundin*
30	DIE LILIE:	*Liebhaber, Nebenmann, zukünftiger*

Mann, Geschäftsmann, Unterstützer, Förderer etc.

9 Die Blumen,
22 Die Wege,
17 Die Rute: Weibliche, relativ unwichtige und neutrale Personenkarte (Freundin, Kollegin, Tochter, Verwandte etc.) – hat im Kartenbild selten eine besondere Bedeutung

Vorgehensweise

Mischen Sie die Karten und breiten Sie sie fächerförmig auf dem Tisch aus. Ziehen Sie wie gewohnt neun Karten, während Sie sich auf Ihre aktuelle Situation oder Ihre Frage besinnen, und legen Sie die Karten nach dem unten dargestellten Schema aus. Es empfiehlt sich, die Karten der Position entsprechend verdeckt hinzulegen, bis Sie alle Karten gezogen haben. Decken Sie sie dann erst auf. Es besteht nämlich die Möglichkeit, dass bereits sichtbare Karten die Ziehung beeinflussen – nämlich dann, wenn sie Vorfreude oder Kummer bei Ihnen auslösen.

Und so legen Sie die Karten aus

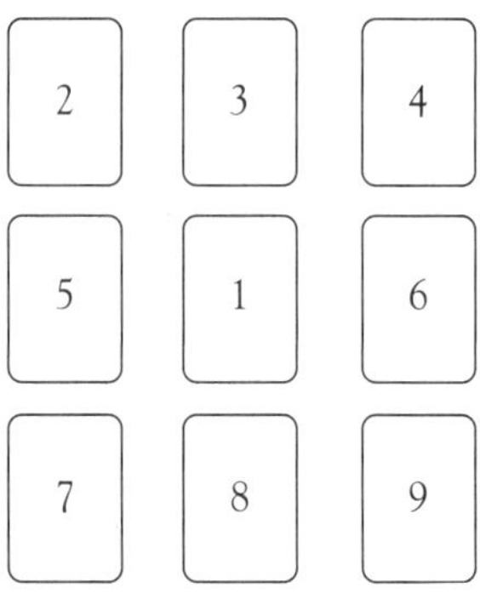

Die zentrale Karte ist das Thema der Legung. Die anderen Karten werden jeweils in Zweier- und Dreier-Kombinationen miteinander gedeutet. Ausgehend von diesem Thema betrachten wir die übrigen Karten. Positive Karten bestärken die Thematik, negative Karten schwächen sie. So können Sie relativ leicht den Trend des Kartenbildes festlegen. Werden jetzt die Karten untereinander kombiniert, so erzählen sie uns eine Geschichte. Die Karte an Position 2 wird waagerecht mit den Karten der Position 3 und 4 gedeutet, in der Senkrechten mit den Karten der Position 5 und 7 und in der Diagonalen mit den Karten der Position 1 und 9. Sämtliche 4 Eckkarten (Position 2, 4, 7 und 9) werden so jeweils untereinander kombiniert und eine Aussage formuliert. Die mittigen Randkarten werden in Zusammenhang mit der zentralen Karte gedeutet (3 – 1 – 8 und 5 – 1 – 6). So erhalten Sie eine aufschlussreiche und detaillierte Deutung.

Um eine Gesamtaussage zu erhalten, wird schließlich noch die innenliegende Raute betrachtet (3 – 5 – 8 – 6). Notieren Sie sich die Aussagen aller Kartenkombinationen, die Sie betrachtet haben, und bilden Sie daraus eine Prognose. Sollte die Thematik, die Sie derzeit beschäftigt, nicht aus dem Kartenbild ersichtlich sein, so heißt das lediglich, dass sich in diesem Bereich derzeit nichts tut beziehungsweise nichts verändert. Legen Sie gegebenenfalls zu einem späteren Zeitpunkt die Karten erneut. Karten zeigen auch den Entwicklungsstand an und ignorieren schon einmal eine Frage, wenn von Ihrer Seite die notwendigen Schritte nicht eingeleitet wurden oder Sie bisher nicht in der Lage waren, Ihr Leben zu überdenken und entsprechend Veränderungen vorzunehmen. Das heißt, die Karten fordern Sie auch zum Handeln auf. Es kommt kein neuer Mann, wenn Sie die alte Beziehung noch nicht verarbeitet haben, kein neuer Job, wenn Sie nicht bereit sind, alte Wertvorstellungen loszulassen usw.

Beispiellegung: Liebe

Deutung

Eine Ratsuchende möchte wissen, wie es in ihrer Partnerschaft weitergeht, da sie vermutet, dass ihr Mann eine Geliebte hat. Zentrales Thema ist DAS BUCH, also ein Geheimnis. Es geht dabei um Betrug (DER FUCHS) in Herzensangelegenheiten (DAS HERZ). DER HERR hat eine leidenschaftliche (DIE LILIE) und heimliche Bindung (DAS BUCH und DER RING) mit einer anderen Frau (DIE SCHLANGE). DIE DAME hat deswegen Kummer (DER SARG).

DER SARG in Kombination mit dem BUCH bedeutet, dass in Bezug auf ein Geheimnis ein Schrecken zu erwarten ist. DER SARG mit dem HERZ direkt bei der Personenkarte bedeutet Liebeskummer für DIE DAME, DER SARG mit dem RING zeigt das Ende einer Partnerschaft an. DER RING in Kombination mit der LILIE verrät, dass die Ratsuchende eine neue Bindung mit einem anderen Mann eingehen wird. DIE LILIE in Kombination mit der SCHLANGE gibt auch einen Hinweis darauf, dass die Rivalin selbst noch gebunden ist.

28
14
24
7
26
8
30
25
29

Beispiellegung: Beruf

Deutung

Was kommt beruflich auf die Ratsuchende zu? In dieser Legung ist das zentrale Thema die Selbstständigkeit (DER TURM), hervorgerufen durch Arbeitslosigkeit (DER ANKER und DIE MÄUSE = Verlust von Arbeit). Mit Sicherheit (DER SCHLÜSSEL) gibt es diesbezüglich eine Veränderung (DIE STÖRCHE). Diese Veränderung und damit die Selbstständigkeit wird relativ schnell eintreten (DER KLEE) und Erfolg (DIE SONNE) haben. Sehr wahrscheinlich wird die Fragestellerin mit Publikumsverkehr (DER PARK = Öffentlichkeit) im kreativen Bereich oder mit schönen Dingen (DIE BLUMEN) zu tun haben. Vielleicht eröffnet sie einen Kosmetiksalon oder ein Blumenstübchen? DER TURM in Kombination mit der SONNE bedeutet, dass geballte Energie aufgebracht wird, da die kommende Lösung die fragende Person beflügelt und motiviert.

2
M

17
M

33
M

31
M

19
M

23
M
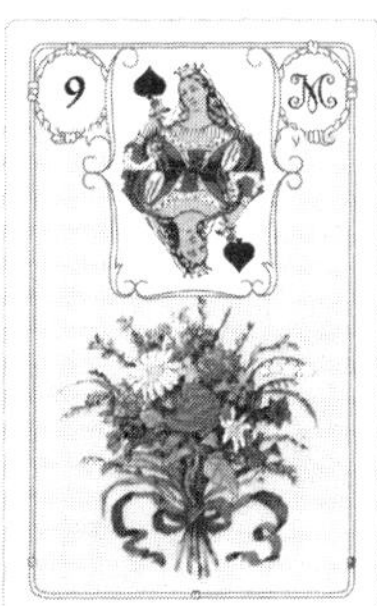
9
M

20
M

35
M

Beispiellegung: Allgemein

Deutung

Zentrales Thema ist diesmal eine Reise (DAS SCHIFF). Eine junge Dame (DAS KIND), fährt zu ihren Eltern beziehungsweise zu ihrer Familie (DER BÄR und DIE LILIE) in die Heimat (DAS HAUS). Es finden diesbezüglich Gespräche statt, Abmachungen werden getroffen (DAS SCHIFF und DIE RUTE), und sie fährt mit dem Auto (DER REITER). Zurzeit fühlt sie sich allein und isoliert (DER BERG). In ihrer ehemaligen Heimat wird sie auch Freunde besuchen (DER HUND), zu denen sie derzeit keinen Kontakt hat.

Diese Legung wurde gemacht, bevor die Ratsuchende auch nur wusste, dass eine Reise für sie anstand. Daher konnte sie die Deutung zunächst nicht akzeptieren. Sie meinte, sie habe die Karten falsch interpretiert oder die Sache sei einfach nicht von Bedeutung.

Aber die Karten lügen nicht; man sollte ihnen Vertrauen schenken und die Deutung annehmen – sei sie nun gut oder schlecht oder auf den ersten Blick völlig unglaublich.

15

4

1

30

3

11

18

21

13

Das große Kartenbild

Das große Kartenbild stellt eine echte Herausforderung für den Deuter dar. Aber es kann auch höchst spannend sein, sich auf diese immer wieder neue Entdeckungsreise zu begeben. Bei keinem anderen Orakelsystem wird einem Ratsuchenden eine klare Frage beantwortet, während zusätzlich die näheren Umstände beschrieben, unverhoffte Situationen und Aktionen vorausgesagt und verschiedene Personen mit einbezogen werden. Außerdem kann gezielt nach weiteren Gegebenheiten gefragt werden. Das große Kartenbild hat auf alles eine Antwort – sofern der Ratsuchende einen direkten Bezug zur gestellten Frage hat.

Das große Kartenbild ist auch ein hervorragendes Medium, wenn Sie für jemand die Karten legen möchten, der gar nicht anwesend ist, über den Sie aber etwas herausfinden möchten. Es ist zudem die gängigste und professionellste Methode im kommerziellen Bereich. Zum einen, da so komplexe Antworten möglich sind, zum anderen, da es ja auch hier nicht immer möglich ist, dem Ratsuchenden Aug in Aug gegenüberzusitzen. Im Gegenteil, mittlerweile ist es Usus geworden, dass Zukunftsdeutungen und Lebensberatungen übers Telefon abgehalten werden. Es gibt Kartenlegerinnen, die sich während des Telefonats auf die fragende Person einstellen, sich auf sie konzentrieren, selbst die Karten mischen und das Bild auslegen. Andere Wahrsagerinnen benötigen ein »Stopp« des Fragestellers, woraufhin sie das Mischen einstellen und die Karten auslegen. Das Ergebnis bleibt bei beiden Praktiken dasselbe. Karten – etwa für ein kleines Kartenbild – für eine andere Person zu ziehen, ist da schon schwieriger, da die benötigten Energien nur vom Ratsuchenden ausgehen und selten auf den Wahrsager übergehen. Jedoch ist auch das nicht völlig ausgeschlossen; einige Vollprofis besitzen diese Fähigkeit. Letztlich kommt jedoch für eine umfassende Beratung ohnehin nur das große Kartenbild infrage, da es ein Gesamtbild zeichnet, während die kleineren Legesysteme nur einen kleinen Ausschnitt der Wirklichkeit wiedergeben.

Im Folgenden erkläre ich Ihnen das Auslegesystem des großen Kartenbilds sowie allgemeine und grundsätzliche Vorgehensweisen bei der Deutung, die Ihnen schnell in Fleisch und Blut übergehen werden. Anschließend werde ich Ihnen ein paar Profitricks und -tipps verraten, damit Sie Stolpersteinen aus dem Weg gehen können und möglichst schnell lernen, ein Kartenbild zu interpretieren, indem Sie ganz einfach und logisch vorgehen. Danach können Sie das Deuten eines großen Kartenbilds Schritt für Schritt anhand zweier Beispiele verfolgen, die detailliert analysiert werden. Und wenn der Lehrstoff erst mal sitzt, können Sie endlich richtig loslegen und mit Ihren eigenen Deutungen beginnen.

Vorgehensweise

Mischen Sie die 36 Lenormand-Karten, und besinnen Sie sich auf Ihre persönliche Situation. Dabei sollten die Dinge, die Sie aktuell beschäftigen und bewegen, vor Ihrem geistigen Auge ablaufen. Es spielt übrigens keine Rolle, wie viel Zeit Sie zum Mischen benötigen. Mischen sie einfach so lange, bis Sie das Gefühl haben, es ist genug. Möchten Sie nichts Bestimmtes in Erfahrung bringen, dann dürfen Sie dabei gedanklich gern abschweifen. Ansonsten, wenn Sie merken, dass Ihre Gedanken auf Wanderschaft gehen, ermahnen Sie sich zwischendurch zur Konzentration auf Ihr spezielles Anliegen.

Legen Sie dann den Kartenstoß vor sich hin, heben Sie mit der linken Hand etwa die Hälfte ab und legen Sie den unteren auf den oberen Stapel. Es ist allerdings nicht zwingend nötig, dass Sie abheben. Wichtig ist nur, dass Sie sich von vornherein für eine Variante entscheiden und dann dabei bleiben.

Anschließend legen Sie die Karten in vier Reihen zu neun Karten wie folgt aus. Und danach geht's los mit der Deutung.

1	2	3	4	5	6	7	8	9
10	11	12	13	14	15	16	17	18
19	20	21	22	23	24	25	26	27
28	29	30	31	32	33	34	35	36

So deuten Sie die Karten

Wie lese ich in einem Kartenbild?

Der Ausgangspunkt für die Deutung ist bei einer weiblichen Ratsuchenden immer Die Dame, bei einem männlichen Fragesteller Der Herr. Von dieser Karte ausgehend betrachten Sie die Karten, die drumherum in direkter Nachbarschaft liegen – und zwar waagerecht, senkrecht und diagonal. Jede direkt anliegende Karte wird in Kombination mit der jeweiligen Nachbarkarte gedeutet (waagerecht, senkrecht und diagonal), eventuell kommt aber auch noch eine dritte oder gar eine vierte Karte zur Deutung hinzu. Sind die Aussagen nicht eindeutig, dürfen Sie weitere Karten aus dem direkten Umfeld für eine Prognose heranziehen. Liegt zum Beispiel vor der Personenkarte DER SARG und daneben DER REITER, dann könnte man daraus zum Beispiel schließen, dass eine negative Nachricht kommt. Möchte man aber wissen, inwieweit diese Nachricht negativ ist oder wer der Absender ist, dann betrachtet man die Karte hinter dem REITER oder die Karten ober- und unterhalb dieser Kombination. Es gibt hier leider – oder zum Glück? – kein starres System, nach dem man vorgehen muss, deshalb sind Ihre Fantasie und Ihre Kreativität gefragt. Suchen Sie nach Antworten in der direkten Nachbarschaft einer Thematik. Beachten Sie dabei, dass nicht immer alle Karten miteinander kombiniert werden können. Manchmal ergeben fortlaufende Kombinationen nicht unbedingt einen Sinn beziehungsweise würden sogar eine gegensätzliche Aussage machen. In diesem Fall gehört die Karte, welche die entsprechende Aussage provoziert, zu einer anderen Thematik im Kartenbild. Auch kann es Karten geben, die überflüssig sind, weil Personen- oder Sachkarte in ihrer Nähe fehlen und so keine vernünftige Prognose abzuleiten ist. Es gilt also wie immer beim Kartenlegen: Setzen Sie Ihren gesunden Menschenverstand und Ihr Kombinationsgeschick ein, und Sie werden garantiert ans Ziel kommen!

Das Thema

Interessiert Sie ein bestimmtes Thema, dann betrachten Sie zuerst die Karten, die zwischen der Personenkarte und diesem Thema liegen. Beispiel: Sie möchten etwas über die Arbeit, symbolisiert durch den ANKER, in Erfahrung bringen und dieser liegt nicht unmittelbar neben Ihrer Personenkarte, sondern dazwischen befinden sich noch zwei bis drei weitere Karten. Kombinieren Sie die Karten! Für eine positive Aussage sollten direkt neben Ihrer Personenkarte möglichst freundliche Karten liegen, aber auch um das Thema selbst, in diesem Fall die Arbeit, sollten sich wenige oder besser gar keine negativen Karten befinden, um eine ermutigende Aussage zu erhalten. Liegt die Sach- oder Personenkarte weniger gut im Kartenbild, dann versuchen Sie aufgrund der jeweils umliegenden Karten zu ergründen, warum das so ist.

Sollte das eigentliche Thema überhaupt nicht in der Nähe Ihrer Personenkarte liegen, sondern ganz am anderen Ende des Kartenbilds, dann sehen Sie sich nur die Karten rund um die Themenkarte an. Es spielt letztlich keine so große Rolle, wo im Blatt sich das Thema befindet.

Legen Sie die Karten aus reiner Neugierde, dann sollten Sie sich einschlägige Kombinationen oder Kombinationen, die ins Auge springen, heraussuchen und dazu jeweils einen Satz formulieren. Im Anhang unter »Kombinationen« finden Sie dazu zahlreiche weitere Hinweise.

Kontrollkartenbilder

Wenn Ihnen ein Kartenbild überhaupt nicht zusagt oder Sie einem Ratsuchenden so gar nichts Erfreuliches mit auf den Weg geben können, dann legen Sie einfach noch ein zweites Kartenbild zur Kontrolle. Vielleicht finden sie dort noch andere, bessere Aspekte. Verwenden Sie dazu jedoch nie das bereits benutzte Kartendeck, es sei denn, Sie mischen es vorher ganz besonders gut durch. Ansonsten ist die Wahrscheinlichkeit groß, dass Sie das gleiche Bild noch einmal erhalten, nur in einer anderen Reihenfolge. Deshalb sollten Sie bei einer professionellen Tätigkeit stets ein zweites oder sogar drittes Kartendeck zur Verfügung haben.

Wie am besten üben?

Viele angehende Kartenleger beginnen damit, tägliche eine Tageskarte zu ziehen, um sich die einzelnen Aussagen einzuprägen und jeweils am Abend zu prüfen, ob die Vorhersage auch eingetroffen ist. Einige beginnen mit dem kleinen Legesystem, um zu lernen, mit den Aussagen zu jonglieren, oder sie wagen sich gleich an das komplexere kleine Kartenbild. Natürlich können Sie ebenso gleich mit dem großen Kartenbild einsteigen, denn auch darin sind viele Tagesereignisse abzulesen. Gleichzeitig wird der Blick für Kombinationen trainiert.

Wenn Sie vor allem das große Kartenbild reizt, dann empfehle ich Ihnen gleich am Morgen ein großes Kartenbild zu legen und wiederum am Abend zu kontrollieren, ob Sie darin Kombinationen entdecken, die Ereignisse Ihres Tagesablaufs betreffen. Betrachten Sie dabei hauptsächlich die Personen- und Nachrichtenkarten, zumindest wenn Sie noch Anfänger sind, und werfen Sie ebenfalls einen Blick auf den SARG, DIE SENSE und den FUCHS. Diese Karten weisen auf relativ kurzzeitige Ereignisse hin.

Möchten Sie nur ab und an ein großes Kartenbild legen, ist es nützlich, sich das Bild zu notieren und die Prognosen mit den tatsächlich eingetretenen Ereignissen zu vergleichen. Das macht nicht nur Spaß, sondern hat auch einen hervorragenden Lerneffekt.

Machen Sie's nicht kompliziert

Die Lenormand-Karten sind für ihre Klarheit und Einfachheit bekannt. Verkomplizieren Sie also die Kartenaussagen nicht. Komplexe Aussagen erhalten Sie, indem Sie die einzelnen Bedeutungen und Hinweise zusammenfügen – und nicht, indem Sie in einzelne Karten mehr hineininterpretieren, als tatsächlich drin ist. DAS BUCH beispielsweise kann ganz banal für Papierkram aller Art stehen und muss nicht immer gleich ein großes Geheimnis beinhalten.

Karten für andere legen

Wenn Sie sich fit fühlen, die Karten für andere zu legen oder einfach nur mal ein Versuchskaninchen brauchen, dann ist es wichtig, dass die Fragesteller, wenn sie persönlich anwesend sind, die Karten selbst mischen, denn nur so erhalten Sie ein »Original«. Natürlich können Sie auch übers Telefon für andere die Karten deuten, selbst wenn diese kein eigenes Deck zu Hause haben. Bitten Sie die Person in diesem Fall über Ihre persönliche Situation nachzudenken und Probleme oder Erwartungen zu visualisieren, während Sie die Karten für sie mischen. Nach einer gewissen Zeit der Konzentration soll die- oder derjenige dann aus dem Bauch heraus »Stopp« sagen. An dieser Stelle hören Sie sofort mit dem Mischen auf und legen die Karten aus. Auf das Abheben können Sie bei einer solchen »Fernlegung« verzichten. Dann nehmen Sie die Deutung vor.

Tipps und Tricks des Kartendeutens

Bevor Sie sich anschicken, ein großes Kartenbild in Angriff zu nehmen, möchte ich Ihnen den Einstieg ein wenig erleichtern, indem ich einige wichtige Tricks und Kniffe mit Ihnen teile, die aus meiner langjährigen praktischen Arbeit mit den Karten hervorgegangen sind. Damit Sie sich ein paar Jahre des Selbststudiums sparen können, nicht den Mut verlieren, weil es vielleicht mit der Deutung nicht gleich so funktioniert, wie Sie sich das vorstellen, und einfach schneller zu Erfolgserlebnissen kommen, beherzigen Sie einfach die folgenden Tipps.

Der erste Blick

Schnelle Erfolge, die Sie motivieren können, erzielen Sie, indem Sie sich die Lage von FUCHS, SENSE und SARG anschauen. DER FUCHS deutet meist auf eine (be-)trügerische Person oder Sache hin, die sich relativ kurzfristig zeigt. DIE SENSE steht in der Regel für Plötzlichkeit und gibt etwas preis, das sich erfahrungsgemäß noch am selben Tag oder spätestens innerhalb von 48 Stunden einstellt. Und DER SARG ist immer gut für einen gehörigen Schrecken. Das kann alles Mögliche sein – vor allem, wenn DER SARG in der Nähe der Personenkarte, also über, unter ihr oder in Blickrichtung der Personenkarte liegt. Dabei ist nur selten im Vorhinein zu erkennen, um welche Art von Schrecken es sich wohl handeln mag: Handy verloren, Portemonnaie weg, Kündigung im Briefkasten. Liegt DER SARG bei einer Sachkarte, zum Beispiel beim HAUS, dann kann es sein, dass etwas am Haus repariert werden muss oder im Haus kaputtgeht. Liegt DER SARG beim PARK, dann kann es eine Enttäuschung in der Öffentlichkeit beziehungsweise in Gesellschaft geben. Auch beim SARG können Sie davon ausgehen, dass sich das Übel innerhalb von 48 Stunden einstellt. Aber keine Angst, ich habe noch nie erlebt, dass wirklich etwas ganz Schlimmes passiert.

Nachrichtenkarten

Sogenannte Nachrichtenkarten spielen in fast allen Kartenbildern eine Rolle. Sie stehen für verschiedenste Arten der Kommunikation. Klassische Nachrichtenkarten sind DER REITER und DER BRIEF. DER REITER überbrachte zu Zeiten des

Künstlers, welcher die Kartenmotive entworfen hat, Botschaften. DER BRIEF ist ebenfalls ein unmissverständliches Symbol. Bei der RUTE ist es nicht mehr so eindeutig. Doch sie zeigt an, dass Gespräche geführt oder Informationen ausgetauscht werden, sei es via persönlichem oder telefonischem Gespräch, per E-Mails oder SMS. DIE EULEN bedeuten immer ein Telefonat. Weitere Informationen dazu finden Sie auch in den Einzelbeschreibungen ab Seite 102.

Mehrfachnutzung einzelner Karten

In einem großen Kartenbild kann man sich als Fragesteller nach verschiedenen Themenbereichen erkundigen. Jede einzelne Karte hat mehrere Bedeutungen. Betrachten wir einmal den REITER: Er steht für eine Botschaft, ein Auto, einen jungen Mann, ein Pferd oder eine Sportart. Wenn Sie als Ratsuchender jetzt Fragen in Bezug auf eine Nachricht und/oder Ihr Auto haben, dann können Sie sich jeweils die Karten um den REITER anschauen und zu jedem Thema eine bestimmte Aussage tätigen. Eine Karte kann also im Kartenbild mehrfach herangezogen werden und entsprechend der gestellten Frage unterschiedlich gedeutet werden.

Die Personenkarte liegt am Rand

Auch dies ist ein Thema, das viele Kartenleger zunächst einmal verunsichert: Was macht man, wenn die Personenkarte am Rand liegt? Das reduziert ja doch erheblich die Deutungsmöglichkeiten. Liegt eine Personenkarte am Rand (egal, ob links oder rechts) oder gar in einer Ecke, dann bedeutet dies, dass grundlegende Veränderungen anstehen – meistens auf dreierlei Ebenen: in Partnerschaft, Wohnsituation und Beruf. Legen Sie häufiger die Karten, und liegt Ihre Personenkarte regelmäßig am Rand, obwohl vielleicht Ihr Leben längst umgekrempelt wurde, dann stehen nurmehr kleinere Veränderungen an: Verlobung statt Hochzeit, eine kleine Renovierung anstatt eines Umzugs.

Ist das Kartenbild mit der am Rand liegenden Personenkarte völlig unbefriedigend für Sie, weil Sie gern »mehr sehen« möchten, dann gibt es drei Möglichkeiten, das zu erreichen:

a) Sie mischen neu, in der Hoffnung, dass die Personenkarte weiter in der Mitte zu liegen kommt,

b) Sie merken sich grundsätzlich vor dem Auslegen die Karten, die Sie abgehoben haben. Das heißt, Sie heben nach dem Mischen ab, drehen die beiden Kartenstapel um, notieren sich die obersten Karten, die sich Ihnen zeigen, und fahren wie gewohnt fort. Liegt die Personenkarte dann am Rand, so nehmen Sie das Kartenbild wieder so zusammen wie Sie es ausgelegt haben und machen sozusagen das Abheben rückgängig. Entweder Sie heben nun neu ab, oder Sie heben gar nicht ab und legen die Karten neu aus. Die Personenkarte müsste nun mit größter Wahrscheinlichkeit eine mittige Position haben,

c) Sie vervollständigen die Reihe. Das große Kartenbild besteht aus 4 Reihen à 9 Karten. Rein theoretisch könnten Sie auch ein Kartenbild mit 3 Reihen à 12 Karten legen, eine Reihe also beliebig weit fortführen. Liegt nun beispielsweise die weibliche Personenkarte in der zweiten Reihe ganz links außen und schaut also aus dem Kartenbild heraus, dann dürfen Sie sie auch ganz rechts in die erste Reihe legen. So schaut sie in das Kartenbild hinein, und man kann einige Karten mehr in die Deutung einbeziehen. Auch damit würden Sie ein Kartenbild nicht verfälschen – es liefert lediglich mehr Informationen.

Zeitangaben

Eine Frage, die alle Ratsuchenden beschäftigt, lautet: Wann passiert etwas? Es liegt nicht in unserer Macht, zeitlich genau etwas vorherzusehen. Das ist auch besser so, da sonst leicht die Gefahr bestünde, dass wir uns untypisch verhalten, beispielsweise, indem wir passiv würden, um die Ereignisse, die eintreffen sollen, einfach abzuwarten. Aber wir müssen nun mal unserer Wege gehen, damit das Kartenbild sich überhaupt erfüllen kann.

Ein Beispiel zur Veranschaulichung: Sie wurden von Ihrem Partner verlassen und konsultieren eine Kartenlegerin, um in Erfahrung zu bringen, ob der Exfreund wiederkommt. Die Kartenlegerin bestätigt Ihre Hoffnungen und Wünsche und sagt ganz klar, dass sie beide wieder ein Paar werden. Was machen Sie nun bis dahin? Völlig passiv abwarten? Ihn mit Nachrichten überschütten? Beide Möglichkeiten wären falsch und würden die Rückkehr Ihres Freundes wohl eher verhindern. Am besten ist es, Sie verhalten sich »ganz normal«, so wie es Ihrer aktuellen Gefühlslage tatsächlich entspricht. Sie wurden von Ihrem Liebsten verschmäht und sollten jetzt Stolz und Würde an den Tag legen und ihn nicht weiter beachten. Mischen Sie sich unter die Leute und lenken Sie sich ab. Wer weiß, vielleicht lernen Sie ja einen ganz tollen Typen kennen, Ihr Exfreund bekommt das mit, wird eifersüchtig, bekommt Verlustängste und erkennt, dass er in Wirklichkeit doch mit Ihnen zusammen sein möchte? Würden Sie nicht aktiv werden, dann würde vermutlich auch nichts passieren und eine Zeitangabe wäre sowieso hinfällig. Wie der richtige Weg im Einzelnen für jeden von uns aussieht, kann niemand voraussehen. Das Ziel jedoch ist durchaus in den Karten ablesbar.

Eine zeitliche Voraussage, die hingegen so gut wie immer zutrifft, ist die Folgende: Wenn DER BRIEF, DER REITER, DIE EULEN oder DIE RUTE (alles Kommunikationskarten) direkt im Anschluss an eine Personenkarte liegen, dann erhält die Person noch am selben Tag eine bedeutungsvolle Nachricht – es sei denn, DIE MÄUSE befinden sich neben dieser Karte und heben sie auf.

Wenn Sie regelmäßig große Kartenbilder legen, ist es äußerst hilfreich, deren Entwicklung aufmerksam zu beobachten. Notieren Sie sich dazu auffällige Kombinationen, vor allem, wenn es sich um solche handelt, die scheinbar gar nicht zu Ihrem Leben passen wollen. Eine solche ungewöhnliche Kombination, das zeigt die Erfahrung, taucht dann häufig in immer kürzer werdenden Abständen im Kartenbild auf, und zwar so lange, bis dieses Ereignis eintrifft.

Legen Sie die Karten zu einem bestimmten Thema, dann geben Sie ja in der Regel von vornherein eine zeitliche Begrenzung vor, beispielsweise wenn Sie fragen, wie ein gesellschaftliches Ereignis ablaufen wird, ein Gerichtsprozess ausgeht oder eine in zwei Wochen geplante Reise schön wird. Das klappt auf jeden Fall, weil der Zeitpunkt bereits bestimmt ist. Umgekehrt funktioniert das allerdings nicht: Sie können nicht fragen, ob Sie zu Weihnachten wieder mit Ihrem Freund zusammen sein werden, da der Zeitfaktor bei solchen Fragen naturgemäß unbestimmt ist.

In der Regel treten die Ereignisse, die das Kartenbild voraussagt, relativ kurzfristig ein. Bedeutende Lebensveränderungen deuten sich drei bis sechs Monate, in Ausnahmefällen sogar ein bis zwei Jahre im Voraus an.

Fragen zur Vergangenheit

Wie bereits unter »Der erste Blick« und »Zeitangaben« erwähnt, verrät uns ein Kartenbild in erster Linie gegenwärtige und zukünftige Ereignisse. Die Vergangenheit können wir nur erfassen, wenn etwas in unserem Leben vorgefallen ist, das uns in der Gegenwart noch beschäftigt. Je nachdem wie stark dessen Einfluss gewesen ist, kann eine auffällige Kartenkombination direkt im Rücken der Personenkarte liegen. Hat der Einfluss nachgelassen, dann befindet sich diese Kombination an einer beliebigen Stelle im Kartenbild und wird dann nur unter Mithilfe des Fragestellers zu entdecken sein. Sie sollten den Blick für einschlägige Kombinationen trainieren, um so den Inhalt des Kartenbildes immer präziser wiedergeben zu können. Einen Querschnitt möglicher und geläufiger Kombinationen finden Sie im Anhang.

Personenkarten zuordnen

Die Verwechslung der Personenkarten kommt in etwa zwanzig Prozent der Legungen vor. Gehen Sie zunächst immer davon aus, dass es sich bei den Hauptpersonenkarten – DER HERR und DIE DAME – auch um die Hauptdarsteller handelt. Kommt Ihnen allerdings eine Aussage komisch vor, dann beachten Sie Folgendes:

Manchmal will zum Beispiel der Geliebte gar nicht die Hauptperson, also DER HERR sein, weil vielleicht die Gefühle von seiner Seite nicht so stark sind. Dann kann er auch als HUND auftauchen. Oder er zeigt sich als HUND, weil seine Gefühle noch freundschaftlich sind und sich die Liebe erst entwickeln muss. Eventuell tritt der Mann auch als LILIE auf, nämlich dann, wenn es sich um eine Affäre handelt. Es gibt jedenfalls immer mehrere Möglichkeiten, die jeweils genau geprüft werden müssen. Dazu benötigen Sie, um eine eindeutige Zuordnung zu gewährleisten, Anhaltspunkte zum direkten Lebensumfeld des betreffenden Mannes: Beruf, Familienstand, Charaktereigenschaften usw. (siehe dazu auch die Kombinationen im Anhang). Leider kann man nicht vorher festlegen, welche Karte nun zu welcher Person gehört. Die Karten lassen sich einfach nicht austricksen. Trotzdem sollten Sie den Mut nicht vorschnell verlieren, sondern das Zuordnen lieber ein Weilchen trainieren.

Die weibliche Hauptpersonenkarte ist in erster Linie DIE DAME, dann DIE SCHLANGE und DAS KIND. Die Ratsuchende kann dann von der SCHLANGE symbolisiert werden, wenn sie eine Geliebte ist und sozusagen eine Beziehung »stört«, wobei sie davon nicht einmal etwas wissen muss und an der Dreiecksbeziehung durchaus »unschuldig« sein kann. Auch eine Mutter kann als SCHLANGE abgebildet sein; DIE DAME wäre dann ihre Tochter. Hat die Mutter mehrere Töchter, dann kann DAS KIND die Schwester der DAME sein. Es kann aber auch eine deutlich jüngere Geliebte darstellen – so wie auch DIE SCHLANGE. Gibt es im familiären Bereich Unklarheiten oder ist hier eine Situation aktuell wichtig, dann ist es möglich, dass DIE DAME und DER HERR die Eltern sind, das KIND ist dann die Tochter, DER REITER wäre der Sohn.

Wenn Sie beim Bestimmen der Personenkarten unsicher sind, dann kombinieren Sie diese untereinander und bilden jeweils eine Geschichte um die Karten. Achten Sie dabei auf die Karten, die jeweils dazwischen liegen. Ein Beispiel: Kombinieren Sie versuchsweise DIE DAME mit HERR, HUND oder LILIE, DIE SCHLANGE mit HERR, HUND oder LILIE usw. Sie werden dann schon merken, was Sinn macht und was nicht.

Als Anfänger merken Sie sich bitte nur diesen einen Hinweis: Hauptpersonenkarte ist für die Ratsuchende an erster Stelle DIE DAME, an zweiter Stelle DIE SCHLANGE und an dritter DAS KIND; für den Mann an erster Stelle DER HERR, an zweiter Stelle DER HUND und an dritter Stelle DIE LILIE. Diese Reihenfolge – oder auch Rangordnung – gilt eigentlich fast immer.

Weitere Profitipps zum Zuordnen der Personenkarten

- Ist die Ratsuchende relativ jung, also etwa bis zwanzig Jahre alt, dann ist sie häufig als KIND dargestellt. Trotzdem kann der Freund DER HERR sein. Macht die Ratsuchende einen jugendlichen Eindruck – weil sie eine junge Stimme hat, unreif oder naiv wirkt oder von kleiner Statur ist – dann sollten Sie ebenfalls einen Blick auf DAS KIND werfen.
- Befindet sich die Fragestellerin in einer unsicheren Partnerschaft, dann kann der Partner das Kleid wechseln wie ein Chamäleon und in allen drei männlichen Personenkarten auftauchen, also DER HERR, DER HUND oder DIE LILIE.
- Legen Sie die Karten für sich selbst, dann kennen Sie natürlich Ihre genauen Umstände und können so leichter abschätzen, was auf Sie zukommt. Arbeiten Sie professionell, dann müssen Sie den schnellen Blick üben und sämtliche Kombinationen von Personenkarten prüfen. Meist springt Ihnen dann die entsprechende Aussage schnell ins Auge.
- Sind Sie professionell/kommerziell tätig, dann fragen Sie immer nach dem Alter der Beteiligten. Wenn sich die Ratsuchende in einer Konkurrenzsituation befindet, ist es wichtig, ob die Nebenbuhlerin jünger oder älter als sie selbst ist. Ist sie älter, dann könnte die Fragestellerin selbst auch DAS KIND sein. Handelt es sich bei der Fragestellerin um die Geliebte, dann kann sie selbst als SCHLANGE dargestellt sein. Erfahrungsgemäß gibt es, wie bereits erwähnt, in zwanzig Prozent der Fälle Verwechslungen. Es ist nämlich beispielsweise auch möglich, dass die Fragestellerin einmal als KIND dargestellt ist, das nächste Mal aber als DAME. Deshalb müssen Sie

auch hier jedes Mal aufs Neue genau nach den aktuellen Umständen fragen.

- Bei einem familiären Problem kann es durchaus vorkommen, dass die Eltern als HERR und DAME auftauchen, während die Fragestellerin selbst vom KIND symbolisiert wird.
- Die Hauptproblematik eines Ratsuchenden befindet sich meistens im direkten Kartenumfeld der Hauptpersonenkarte. Möchte zum Beispiel die Ratsuchende etwas über ein spezielles akutes Problem mit ihrem Vater wissen, so ist der wahrscheinlich im aktuellen Kartenbild als HERR dargestellt.

Beispiellegung 1: Ein Gesamtbild deuten

Erläuterung

Ein Kartenbild ist zunächst immer ein wenig verwirrend. Wir werden uns aber das Kartenbild Schritt für Schritt vorknöpfen, so dass Sie mit der Zeit immer besser durchblicken werden. In dieser Beispiellegung geht es um einen männlichen Ratsuchenden. Ich betone das extra, weil der Großteil meiner Kunden doch Frauen sind.

Obwohl man im Kartenbild niemals schematisch vorgeht, sondern eher von Bild(-Kombination) zu Bild(-Kombination) springt, beginnen wir zum Einstieg einfach mal links oben und »hangeln« uns dann Karte für Karte weiter.

Hier finden wir auf Position eins und zwei den SARG und DAS KREUZ, die in Kombination immer einen tief greifenden Umbruch im Leben bedeuten: Eine Last oder Bürde (DAS KREUZ) neigt sich dem Ende (DER SARG). Was auch immer beendet wurde – noch fehlen uns ja weitere Informationen aus dem Kartenbild – der Umbruch wurde allerhöchste Zeit. Denn wenn sich jemand in einer belastenden Lebenssituation quälen muss – und DAS KREUZ spricht ja von Last, dann muss man diese irgendwann auch wieder loswerden. Häufig geschieht das mit einem »Knall«, und DER SARG repräsentiert genau das.

Übrigens bedeutet die Kombination SARG/KREUZ niemals einen Todesfall. Zwar werden Todesfälle durchaus manchmal im Kartenbild angezeigt, aber die Kombinationen dafür sind sehr unterschiedlich. Manchmal reicht schon DIE SENSE oder DER BERG, aber auch die Kombination SARG/TURM. Der Tod zeigt sich im Kartenbild immer sehr facettenreich, deshalb kann er letzten Endes auch nicht ermittelt werden. Ich kann Ihnen nur grundsätzlich raten, sich von dieser Thematik fernzuhalten.

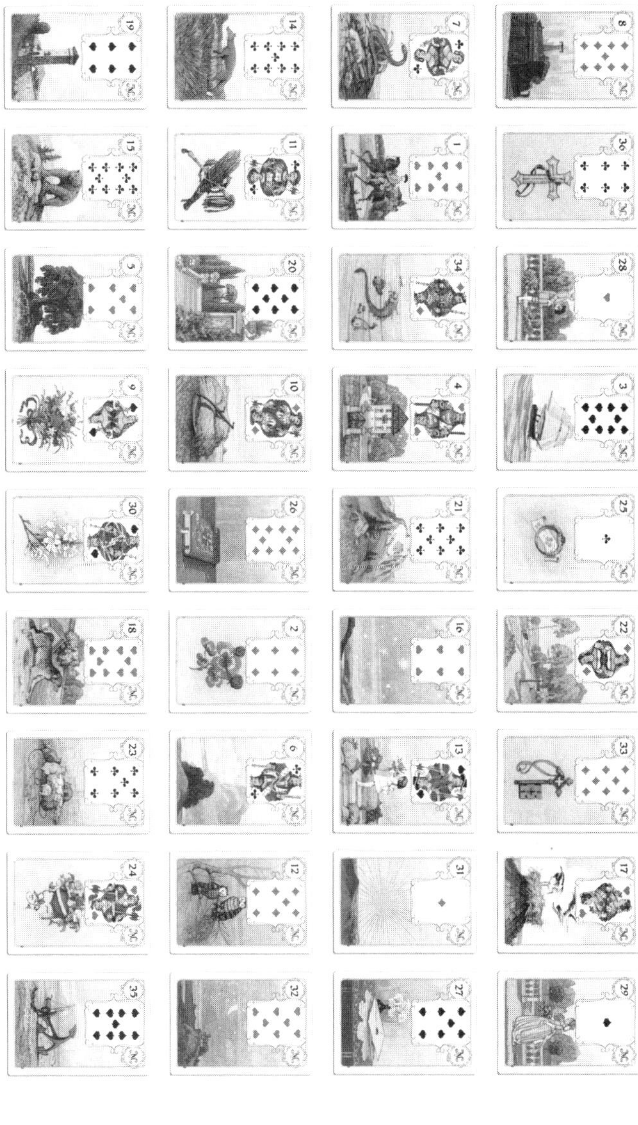

Aber weiter im Kartenbild. Der Ratsuchende hat sich also von irgendetwas oder irgendjemand getrennt, und wir mutmaßen mal, dass das eine Frau gewesen sein könnte. Natürlich sind auch andere Möglichkeiten denkbar, wie der Job oder ein guter Freund. Aber wir wählen das Naheliegendste und forschen weiter in dieser Richtung. Und siehe da, direkt unter dem SARG befindet sich DIE SCHLANGE – und die hat sogar noch den FUCHS im Schlepptau.

DIE SCHLANGE ist, wie wir wissen, eine weibliche Personenkarte, nicht die Hauptperson, aber doch sehr von Bedeutung. DER FUCHS unterhalb der SCHLANGE verrät uns, dass sie eine »falsche Schlange« ist, eine Intrigantin oder eine Lügnerin. DIE SCHLANGE und DER HERR haben trotz der Trennung noch Kontakt zueinander, da zwischen den beiden DER REITER, eine Nachrichtenkarte liegt. Dieser steht zwar auch für Sport oder ein Fortbewegungsmittel, ist hier aber als »Kontaktkarte« zwischen den beiden Personenkarten zu deuten. Das liegt in dieser Konstellation einfach am nächsten.

Hochinteressant ist auch die Dreierkombination unterhalb der Schlange mit dem Fuchs: DIE RUTE/DER BÄR/DER TURM. Sie steht so gut wie immer für eine Gerichtsverhandlung, in Ausnahmefällen auch mal für eine heftige Diskussion mit dem Chef. Nun stellt sich natürlich die Frage, um was für eine Gerichtsverhandlung es hier geht – um eine Scheidung oder etwas Geschäftliches? In der Reihe neben dieser Kombination liegen DIE FISCHE, DER PARK und DER BAUM untereinander. PARK und FISCHE könnten ein Unternehmen im Finanzbereich darstellen, denn DER PARK steht für Öffentlichkeit und Publikumsverkehr, DIE FISCHE fast immer für Geld. Zusätzlich weist auch DER BAUM auf Finanzgeschäfte hin, vielleicht auf Investments? Ein Baum wächst und gedeiht, und wenn man Geld anlegt und ausreichend Geduld aufbringt, verhält es sich damit ebenso. DAS HAUS, das sich neben den FISCHEN befindet, könnte ebenfalls ein Unternehmen mit

Investitionen darstellen; aber vielleicht hat DER HERR auch einfach ein Eigenheim. Tatsächlich stellt sich durch Nachfragen heraus, dass der Ratsuchende eine Firma hat, die sich mit Finanzen beschäftigt. Diese Erkenntnis spielt aber keine wichtige Rolle, wichtig ist vielmehr die Tatsache, dass er sich wirklich von seiner Frau, der SCHLANGE scheiden lässt, wobei die Finanzen so geregelt werden, dass für keinen der beiden Beteiligten ein großer Verlust entsteht. Verluste finanzieller Art erkennen wir an den Kombinationen FISCHE/MÄUSE, FISCHE/SARG, aber auch an SENSE/FISCHE (manchmal auch an der SENSE mit WOLKEN, BERG oder KREUZ).

Was könnte der Grund für die Scheidung gewesen sein? Orientieren wir uns im Kartenbild weiter nach rechts, dann sehen wir die Kombination DIE SENSE/DAS BUCH: Ein Geheimnis ist in Gefahr oder aber auch schon herausgekommen. DIE LILIE ist in diesem Fall ein Mann, der als Nebenbuhler zu deuten ist. Dieser Mann ist recht charmant, was an den BLUMEN zu erkennen ist. Es liegt nahe, dass er wohl erotische Kontakte mit der Schlange hatte. Dieses Geheimnis liegt im Kartenbild als Belastung gegen den Nebenbuhler, da DER BERG als Blockade auf dem BUCH steht. DER BERG formt gleichzeitig eine Art Schutzwall, der den HERRN gegen die heimliche Liebschaft seiner Exgattin abschirmt. Dieser wusste also vermutlich gar nichts davon. Nun wird klar, warum bei der Scheidung die Aufteilung der Güter ohne Verluste ausgegangen ist. Möglicherweise hat sich DER HERR deshalb als großzügig erwiesen, weil er von dem Techtelmechtel seiner Gattin gar nichts gewusst hat. Trotzdem muss wohl die Ehe schon lange nicht mehr funktioniert haben und die Trennung für den Herrn eine Erlösung sein, denn dieser macht sich auf zu neuen Ufern oder steckt schon mittendrin.

Das sehen wir an den erfreulicheren Kombinationen im Kartenbild. Dabei soll gleich angemerkt sein, dass eine Karte auch doppelt gedeutet werden kann. DER HERR schaut in diesem Fall nicht nur direkt auf DAS SCHIFF, weil er selbstständig ist und »gutes Gelingen im Handel« genießt, sondern auch, weil er tatsächlich eine Reise unternimmt. Denn das gilt immer: Liegt eine Personenkarte direkt neben dem Schiff, dann wird eine Reise unternommen. Aber wo fährt er hin, unser Hauptakteur? Das Schiff liegt im Kartenbild direkt neben dem RING. Es könnte sich also um eine Rundreise handeln. Wahrscheinlicher ist aber, dass uns DER RING neben dem SCHIFF sagt, dass diese Reise mit einer Bindung zu tun hat. Verfolgen wir die Reihe bis zum Ende, dann bestätigt sich diese Vermutung: Hier liegt nämlich DIE DAME. Zwischen SCHIFF und RING liegen noch DIE WEGE, DIE SCHLÜSSEL und DIE STÖRCHE. Übersetzen wir diese Kombination aus der Lenormand-Sprache in die unsrige, dann erfahren wir, dass eine Entscheidung gefällt wird (DIE WEGE) und mit Sicherheit (DER SCHLÜSSEL) mit einer wohnlichen Veränderung zu tun hat (DIE STÖRCHE). Da DER HERR eine Reise unternehmen muss, um zu seiner Herzensdame zu gelangen, schließen wir daraus, dass diese Dame weit entfernt von ihm wohnt. Die Veränderung steht unter einem guten Stern, da DIE STÖRCHE von der SONNE begleitet werden. Sie wird zudem dadurch unterstrichen, dass DIE DAME am Kartenbildrand liegt. Sie erinnern sich? Diese Position bedeutet, dass sich bei der betreffenden Person grundsätzlich etwas verändert und zwar in allen drei wichtigen Lebensbereichen: Partnerschaft, Beruf und Wohnsituation. Alles deutet darauf hin, dass sie 1. zu einem Mann zieht (DER HERR); 2. liegt direkt unter ihr schon eine positive Nachricht aus dem beruflichen Bereich. Die Kombination BRIEF/MOND/ANKER (Nachricht/Erfolg und Anerkennung/Beruf) bestätigt einen Neuanfang. Es ist gut möglich, dass sich DIE DAME bereits mit dem Gedanken eines Umzugs auseinandergesetzt hat und sich vielleicht auch schon um einen neuen Arbeitsplatz beworben hat. Da die Karten direkt unter ihr liegen, könnte man sagen, dass es sich um eine gegenwärtige Angelegenheit handelt und sie sich bewerben wird und eine Zusage erhält.

Nun kommen wir zum KIND. Natürlich zieht es mit seiner Mutter um. Neben dem KIND liegen DIE STERNE, die ebenfalls einen Neuanfang bedeuten. Allerdings besteht hier eine Blockade, die wiederum durch den BERG angezeigt wird. Das Kind findet diese Veränderung also weniger lustig und wird darunter leiden. Warum ist das so? Zum einen könnte die Blockade des BERGS Schwierigkeiten mit dem HERRN bedeuten, zum anderen hat das Kind nach einem Umzug natürlich weniger Kontakt zu seinem Vater, der hier als HUND dargestellt ist. DIE MÄUSE in Kombination mit dem HERZ bedeuten, dass ein Herz gebrochen und eine Liebe auseinandergegangen ist. Da hier noch DIE EULEN hinzukommen, erfahren wir, dass die Beziehung zwischen Vater und Mutter immer schon schwierig war. DIE EULEN sind zwar in erster Linie als Kontaktkarte zu deuten, sie bringen aber häufig auch Kummer, Sorgen und Aufregungen. Der Mann leidet auch noch jetzt, aber es wird demnächst besser, das sagt DAS HERZ in Kombination mit den WOLKEN. Denn die Wolken sind zwar da, haben aber die natürliche Neigung, sich früher oder später zu verziehen.

Die Diagonale, die HUND, WOLKEN und SONNE bilden, sagt uns, dass er noch immer an seiner Verflossenen hängt. DIE SONNE ist ein ganz starkes Indiz dafür, denn sie steht für Energie, Wärme und Wohlgefühl. Trotzdem sieht es ganz danach aus, als täte ihm eine räumliche Trennung von seiner Exfrau/-freundin sehr gut. Der Neuanfang für DAS KIND leitet auch für ihn eine persönliche Glücksphase ein, denn DER KLEE liegt als Glücksbringer bei KIND und Vater (HUND). Demnach wird es dem Kind nach einer gewissen Zeit der Gewöhnung auch besser gehen, und es wird mit den neuen Umständen umgehen können.

Zur Erinnerung

Nun haben Sie die erste umfassende Deutung »miterlebt«. Irritiert? Das wird sich bald ändern, wenn Sie sich durch die ersten eigenen großen Kartenbilder hindurchgearbeitet haben. Vergessen Sie dabei nicht, dass es unabdingbar ist, dass der oder die Ratsuchende Ihnen mit Informationen zur Seite steht. Ein und dasselbe Kartenbild ist in so vielen Variationen deutbar, eine zutreffende Prognose ist da kaum möglich, wenn Sie nicht mit Details aus dem Leben der fragenden Person »gefüttert« werden. Das gilt übrigens genauso auch für die erfahrensten Kartenleger.

Und noch ein Hinweis: Es gibt so eine Art »unsichtbare Grenze« im Kartenbild, da steckt man häufig fest, oder die Geschichte ergibt keinen Sinn, wenn man eine bestimmte Kombination oder eine Reihe weiterverfolgt. Betrachten wir das gerade besprochene Kartenbild, dann fällt auf, dass DIE LILIE und DER HUND direkt nebeneinander liegen, aber gar nichts miteinander zu tun haben. Zumindest nicht, wenn wir die Zuordnung der Personen ganz klar differenzieren und hier von zwei Personen (LILIE und HUND = Geliebter und guter Freund) ausgehen, die jedoch von zwei verschiedenen Situationen und Umständen erzählen. Wenn wir uns auf die Doppelnutzung von Karten besinnen, dann könnte man allerdings sagen, dass der Liebhaber der SCHLANGE immer mit einem anderen Herrn im Schlepptau aufgetreten ist, oder dass DIE LILIE, also der Geliebte, einen sehr guten Freund hat, dem er von seiner heimlichen Affäre erzählt hat, da auch dieser in der Nähe des BUCHES liegt. Man könnte also das Umfeld der LILIE weiter abstecken. DER HUND an der Seite der LILIE könnte auch bedeuten, dass dieser Mann treu ist und ein zuverlässiger und ehrlicher Partner werden könnte. Die Grenze ist demnach in diesem Fall nicht wirklich da, und man kann sie sogar verwischen, indem man versucht, neue schlüssige Aussagen zu finden.

Das Gleiche gilt für DAS BUCH in unserem Kartenbild. Gehen wir davon aus, dass DAS KIND schon schulpflichtig ist, dann steht vielleicht eine Klassenarbeit oder Prüfung an. DER BERG würde dann aussagen, dass noch eine Blockade in dem zu prüfenden Fach besteht, aber DER KLEE weissagt uns einen guten Ausgang.

Die Grenzen sind also eher fließend zu betrachten. Allerdings funktioniert das nicht immer. Verzweifeln Sie nicht, wenn Sie mal zu keinem Ergebnis kommen, akzeptieren Sie es einfach.

In solch einem Fall kann auch eine andere Vorgehensweise weiterhelfen, die ich Ihnen nun vorstellen möchte. Dabei werden konkrete Fragen gestellt und das Kartenbild daraufhin abgeklopft. Ich nenne es »Deutung nach Themengebieten«. Sie können sie in jedem Kartenbild vornehmen.

Beispiellegung 2: Deutung von Themen oder gezielt nach Fragen

Die Deutung

Eine Ratsuchende wendet sich an mich, weil sie unglücklich verheiratet ist und nicht weiß, wie es weitergeht. Sie vermutet, dass ihr Mann sie betrügt und glaubt auch, dass er sie finanziell hintergeht. Da sie ein schulpflichtiges Kind haben, traut sie sich nicht aus dieser Beziehung auszusteigen.

Folgende Fragen beschäftigen sie:

1. *Hat ihr Mann sie betrogen oder hat er gar eine Geliebte?*
2. *Wird sie in absehbarer Zeit eine eigene Wohnung finden?*
3. *Wird ihr Mann einer Scheidung zustimmen?*
4. *Wird das gemeinsame Haus verkauft werden?*
5. *Hat ihr Mann Geld unterschlagen?*
6. *Wird sie genügend Unterhalt bekommen?*
7. *Wird sie eine passende Arbeitsstelle finden?*
8. *Wie verkraftet das Kind die Umstellung?*
9. *Wird sie einen neuen Partner finden?*
10. *Sie erwartet eine Erbschaft. Kann sie diese bald antreten?*

Bevor wir auf die einzelnen Fragen eingehen, machen wir eine Kurzanalyse der Hauptfiguren. Die Fragestellerin befindet sich in der obersten Reihe, sie ist DIE DAME. Unter ihr befindet sich DER SARG, die eine negative Aussage über den häuslichen Bereich bedeutet (DAS HAUS).Vor ihr liegt das gemeinsame KIND. Diesem geht es zurzeit nicht gut, da DIE MÄUSE daneben liegen – Kummer nagt an ihm. Der Ehegatte (DER HERR) ist in der untersten Reihe zu finden und tatsächlich nicht ganz

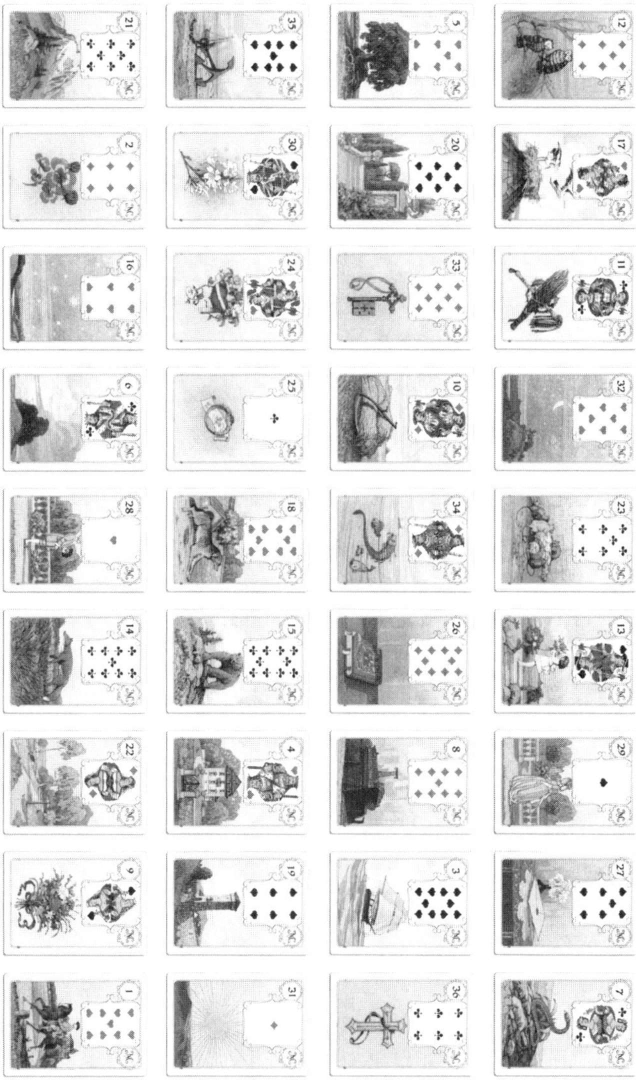

koscher. DER FUCHS teilt uns mit, dass es sich hier um eine betrügerische und hinterlistige Person handelt.

Kommen wir zu den einzelnen Fragen:

1. Hat ihr Mann sie betrogen oder hat er gar eine Geliebte?

Diese Frage können wir mit einem »Jein« beantworten. Es gibt Begegnungen mit einer Frau, die aber keine ernsthafte Konkurrenz darstellt. Wir gehen von der Kombination HERR/FUCHS/WEGE aus, wobei DIE WEGE in diesem Fall wörtlich interpretiert werden können. Der Ehemann ist »Wege gegangen«, um sich mit den BLUMEN zu treffen. Diese können, wie wir gelernt haben, eine Frau symbolisieren, stehen jedoch immer für eine relativ neutrale Person. Es kommt eher selten vor, dass die Blume eine Nebenbuhlerin verkörpert, meistens handelt es sich um eine Schwester, Freundin, Kollegin oder Ähnliches, aber in der Hauptsache sprechen DIE BLUMEN von erfreulichen und schönen Dingen wie Einladungen, Überraschungen, Geschenken und sind nicht unbedingt eine Personenkarte. Erotische Handlungen sind im Kartenbild nicht zu erkennen, so weit kam es bisher nicht. DER REITER, der direkt neben den BLUMEN liegt, verrät die vermeintliche Konkurrentin als besonders sportlich. Vielleicht hat DER HERR die Dame im Fitnesscenter oder im Sportverein kennengelernt und dort öfter getroffen.

Die Ratsuchende glaubt aber, dass ihr Mann sie körperlich betrogen hat. Da DIE BLUMEN keinen Hinweis darauf geben, schauen wir uns die Karten rund um das Thema Sexualität (DIE LILIE) an und erkennen: Aha, DER HERR ist Gast in einschlägigen Etablissements. Eine ganze Batterie von Hinweisen liegt hier im Kartenbild. DIE LILIE liegt unter dem PARK, der für die Öffentlichkeit, Partys und Publikumsverkehr steht. In

Kombination mit der LILIE ist das recht eindeutig. Nebenan ist noch DAS HERZ zu finden, ein weiteres Indiz für leidenschaftlich-erotische Stunden. Und zur Bestätigung der Aussage liegt auch noch DER SCHLÜSSEL mit dabei. DER KLEE unterhalb der LILIE steht zudem für das schnelle Glück oder ein Glück, das nur von kurzer Dauer ist. Als Gast eines Erotik-Etablissements erfährt man ja tatsächlich eher das »kurze Glück«. Dazu kommt noch DIE SENSE, die mit der Spitze auf DIE FISCHE zeigt. Man hat also für gewisse Gefälligkeiten einen Lohn gezahlt. Dabei ist »man« offenbar zu zweit gewesen, denn DER HERR hat gleich den HUND neben sich, vermutlich seinen besten Freund. Bei dem Vergnügungsort handelt es sich wohl um einen Club, angezeigt durch den RING, der für die Vereinigung von Gemeinschaften steht.

DIE WOLKEN verraten uns, dass die Aktivitäten der beiden Herren zu einer Zeit stattfanden, als die Beziehung schon kriselte, weil DIE WOLKEN, Symbol für die Unklarheiten in der Partnerschaft, unter dem RING liegen. DIE DAME wusste nichts von den Unternehmungen ihres Mannes, denn DAS BUCH zeigt mit der geschlossenen Seite zu ihr. Aber jetzt – durch das Kartenbild – kommt das Geheimnis ans Tageslicht, denn DIE MÄUSE lüften es.

Ein wichtiger Hinweis zwischendurch:

Sind Sie noch neu auf dem Gebiet des Kartenlegens, so muss ich Sie an dieser Stelle warnen. Schnell ist ein Betrug oder ein Seitensprung aus dem Kartenbild herausgelesen, ausgesprochen und eventuell ein heilloses Durcheinander angerichtet. Solch eine Prognose schüttelt man auf keinen Fall mal eben so aus dem Handgelenk! Im Zweifelsfall wird der Angeklagte freigesprochen. Es sollte im Kartenbild wiederzufinden sein, was die Rat suchende Person Ihnen berichtet. Es geht dann darum, eine (begründete) Vermutung durch das Kartenbild bestätigen – oder widerlegen – zu lassen. Machen Sie sich auch selbst nicht gleich verrückt, wenn Ihr Herzensmann neben dem FUCHS und der LILIE liegt. Das könnte »nur« auf Falschheit im familiären Bereich hinweisen, also vielleicht auf eine kleine (Not-)Lüge. Es sind ja nur 36 Karten, und die können mal ein wenig unglücklich im Kartenbild liegen oder auch eine ganz einfache Aussage beinhalten – erst recht, wenn Sie sich regelmäßig, gar jeden Tag die Karten legen.

2. Wird sie in absehbarer Zeit eine eigene Wohnung finden?

Leider hat DIE DAME nicht das uneingeschränkte Glück, und ein Umzug ist mit Schwierigkeiten verbunden. Wir verfolgen die Kartenreihe in Blickrichtung der DAME. Vor ihr das KIND mit den MÄUSEN und dahinter DER MOND – das ist schon einmal eine Erfolgskarte. Grundsätzlich ist ein Umzug die richtige Entscheidung. Anschließend kommt allerdings DIE RUTE. Diese hat in diesem Fall die Bedeutung von Gesprächen und Diskussionen, auch von Streit und Trennung – und zwar über DIE STÖRCHE, also eine Veränderung, einen Umzug, der aber mit Problemen behaftet ist. Das sagen uns DIE EULEN am Ende der Kartenreihe, die für Sorgen stehen, aber auch besagen, dass viele Kontakte geknüpft werden müssen, um eine räumliche Veränderung einzuleiten. Am Ende wird die Fragestellerin mit Sicherheit (DER SCHLÜSSEL) eine Wohnung in einem Mehrfamilienhaus (DER PARK = viele Leute) mit viel Grün drumherum (DER BAUM) finden.

3. Wird ihr Mann einer Scheidung zustimmen?

In diesem Kartenbild ist nichts von einer Scheidung zu sehen. Die einschlägigen Karten der Dreierkombination TURM/RUTE/

BÄR, die, gleich in welcher Reihenfolge, doch irgendwo im Blatt zusammen liegen müssen, sind viel zu weit voneinander entfernt. Allerdings nimmt DIE DAME vermutlich Kontakt zu einem Anwalt auf (DER BÄR) und es werden Akten angelegt (DAS BUCH = Papierkram). Dem Gatten werden diese Pläne nicht gefallen, und er wird – wahrscheinlich aus finanziellen Gründen – einiges versuchen, um eine Scheidung zu verhindern, denn zu seinem BÄREN hat er den FUCHS. Er wird sich wohl zusammen mit seinem Anwalt eine Taktik überlegen, die eine schnelle Scheidung verhindert oder aber versuchen, DIE DAME über den Tisch zu ziehen. In ersterem Fall wird es jedenfalls noch dauern, bis eine Scheidung durchgefochten ist.

4. Wird das gemeinsame Haus verkauft werden?

Auch diese Frage muss verneint werden. DER BÄR in Kombination mit dem HAUS bestätigt eine Vermehrung des Besitzes, aber für den Ehemann, da dieses Kartenpaar beim HERRN liegt. Ein Verkauf ist nicht zu erkennen. Dieser würde mit dem RING als Vertrag bestätigt werden oder durch DIE MÄUSE (Verlust) angezeigt. DIE DAME verbindet der SARG mit dem HAUS, was einfach bedeutet, dass sie ihre aktuelle Wohnsituation bald beenden wird. Da keine weiteren positiven Karten bei ihr liegen, beispielsweise solche, die auf eine Finanzspritze hinweisen wurden (KLEE, SONNE, MOND, STERNE, FISCHE), schließen wir aus, dass sie durch einen Verkauf des Hauses zu einer verbesserten finanziellen Situation kommen wird. Ganz im Gegenteil, sie muss sich hüten, nicht ganz und gar benachteiligt zu werden, weil DIE FISCHE in der Nähe der MÄUSE liegen, was einen finanziellen Verlust bedeutet. Wer weiß, welche notarielle Regelung damals beim Hauserwerb getroffen wurde, aber sie war sicher nicht zum Vorteil der Ehefrau.

5. Hat ihr Mann Geld unterschlagen?

Ja, das hat er wohl, aber keine Unsummen. Oder aber er hat das Geld gleich wieder ausgegeben. DIE FISCHE liegen direkt neben dem BUCH, was auf »geheimes« Geld hindeutet. Der gute Kumpel könnte dabei involviert gewesen sein beziehungsweise als Mittelsmann fungiert haben. Es scheint dem HERRN jedoch nicht viel eingebracht zu haben, da das Geld durch DIE MÄUSE wieder verlustig gegangen ist. Auch DIE SENSE, die mit der Spitze zu den Fischen zeigt, deutet eher eine angespannte, aber auch spontane Aktion an.

6. Wird sie genügend Unterhalt bekommen?

Jedenfalls nicht freiwillig, auch hier weiß DER HERR, wie er seiner Frau Knüppel zwischen die Beine werfen kann. Siehe dazu auch die Antwort zu Frage 4: Die Ratsuchende muss sich hüten, nicht ganz und gar benachteiligt zu werden, weil DIE FISCHE in der Nähe der MÄUSE liegen, was einen finanziellen Verlust anzeigt – oder gleich von vornherein kein Geld.

7. Wird sie eine passende Arbeitsstelle finden?

Um diese Frage zu beantworten, fliegen wir einmal durch das Kartenbild und landen unten links am Rand beim ANKER, unserer Berufskarte. Betrachten wir die Karten rund um dieses Thema: Es wird eine Weile dauern, bis die Fragestellerin einen Job findet, denn DER BERG stellt noch eine Blockade dar. Man kann mutmaßen, dass eine passende Arbeitsstelle erst nach der wohnlichen Veränderung auf sie zukommt. Es könnte eine Tätigkeit im medizinischen Bereich sein, da DER BAUM für das weite Feld der Medizin steht. Möglicherweise handelt es sich um eine größere Praxis oder sogar eine Klinik (DER PARK) oder soziale Einrichtung, das erkennen wir an der LILIE, die auch eine ganz harmlose beziehungsweise positive, unterstützende Bedeutung haben kann. Dieser neue Arbeitsplatz bringt der DAME Glück und bereitet ihr Freude, da DER KLEE direkt diagonal an die Berufskarte anschließt.

8. Wie verkraftet das Kind die Umstellung?

Es ist schwer, aus diesem Kartenbild heraus eine Prognose zu tätigen. Dazu sollte man die Karten zu einem anderen Zeitpunkt noch einmal befragen. Der gegenwärtige Zustand des KINDES ist mit den MÄUSEN negativ zu deuten. Eine wohnliche Veränderung ist zudem mit einem Schulwechsel verbunden, da DAS BUCH und DER SARG anzeigen, dass eine Ausbildung abgebrochen wird, zumindest vorerst. Auch für das Kind gilt, ebenso wie für die Mutter, dass eine schwierige Zeit zu meistern ist. Alles andere wären Spekulationen. Einen kleinen Lichtblick dürfen wir aber der diagonalen Reihe entnehmen: Links unter dem KIND liegen DIE FISCHE, dann folgen DER RING und schließlich DIE STERNE. FISCHE und RING schaffen die Verbindung zum Geld, die erst einmal geschaffen werden muss, damit das Kind nicht nur emotional, sondern auch materiell versorgt wird. Ist diese schwierige Periode im Leben der Mutter überwunden und die Finanzen stabilisieren sich durch die neue Arbeitsstelle, dann warten auf das Kind DIE STERNE – ein gelungener Neuanfang.

9. Wird sie einen neuen Partner finden?

Um diese Frage zu beantworten, muss noch einmal DIE LILIE herhalten. Oft symbolisiert sie einen neuen Mann, deshalb sollte Ihr geübter Blick immer schnell über die Personenkarten huschen. Die Legitimation dafür, dass DIE LILIE hier mehrfach gedeutet werden kann, ist die folgende: Zuerst bringen wir DIE LILIE mit dem Schwerenöter der Familie in Verbindung, dem Ehemann. Vom HERRN aus bilden DER RING, DAS HERZ und DIE LILIE eine Kette – wäre er gleichgeschlechtlich veranlagt, dann wäre DIE LILIE eine super Partie für ihn. Betrachten wir diese Kombination aber von der anderen Seite, dann geht diese tolle Verbindung vom ANKER, also dem Beruf aus, woraus wir schließen können, dass die Ratsuchende durch die neue Arbeit auch einen neuen Mann kennenlernen wird und einen guten Fang macht, da dieser beziehungsfähig ist und Liebe und Leidenschaft zusammenfallen. Das hat Seltenheitswert!

10. Sie erwartet eine Erbschaft. Kann sie diese bald antreten?

Vielleicht beantwortet diese Frage zugleich eine andere Frage. Will sich der Gatte wegen der anstehenden Erbschaft nicht scheiden lassen? Eine Erbschaft erkennen wir an der Kombination SARG/SCHIFF. Ich wurde schon oft gefragt; warum gerade DAS SCHIFF für eine Erbschaft steht. Bisher konnte das noch niemand so genau sagen. Aber wenn jemand gestorben ist, geht ja die Seele auf Reisen, was das Bild des Schiffs erklären könnte.

Da diagonal zu DAME, SARG und SCHIFF im Kartenbild DIE SONNE zu finden ist, wird es gute Nachrichten geben – die Erbschaft kommt auf DIE DAME zu. Ihre Tante (DIE SCHLANGE) ist verstorben, denn unter der SCHLANGE liegt DAS KREUZ, und sie hat ihrer Nichte schon zu Lebzeiten mitgeteilt, dass sie sie beerben wird. Das sagte mir die Fragestellerin, und die Kommunikationskarte DER BRIEF bestätigt es, denn sie liegt als Mitteilung zwischen den beiden Damen. Trotzdem wird sich die Angelegenheit noch ein wenig hinziehen, da Behördenangelegenheiten (DER TURM) die Sache verzögern.

Noch eine abschließende Anmerkung zum Thema Tod: Das Ableben der Tante machen wir nur deshalb im Kartenbild fest, weil uns die Rat suchende Person von der Erbschaft erzählt hat. Die Kombination KREUZ/SCHIFF könnte auch eine schicksalhafte, beschwerliche oder eine mit Ärger verbundene Reise bedeuten, weil DER SARG dazukommt.

ASTROLOGISCHE ZUKUNFTSDEUTUNG

Kartenlegen kann zwar durchaus spielerisch zum Zeitvertreib betrieben werden, doch gleichzeitig darf das Orakel zum Nachdenken und zur Selbsterkundung anregen. Das Gleiche gilt für die Astrologie, dieses uralte Weisheitssystem, das den Menschen schon seit alters her Wegweiser in die Zukunft ebenso wie ins eigene Innere ist.

Mlle. Lenormand hat sich schon in jungen Jahren mit der Astrologie befasst und astrologische Aspekte stets in ihre Beratungen mit einfließen lassen. So konnte sie den Ratsuchenden noch umfassendere Prognosen und Hinweise geben und ihnen zu Einsichten verhelfen, die allein durch klassisches Kartenlegen nicht möglich gewesen wären.

Doch wie funktioniert diese Synthese aus Kartenlegen und Astrologie? Durch die Planetenbewegungen wirken ständig bestimmte Energien auf uns ein, mit denen wir in Resonanz gehen. Denken Sie nur an den Einfluss des Mondes und der Mondphasen auf unser Leben. Jeder kann an sich beobachten, dass er vielleicht bei Vollmond aufgewühlte und schlaflose Nächte verbringt, von einer tiefen Sehnsucht nach Liebe überflutet wird oder Depressionen bekommt. Manche Menschen nehmen mit zunehmendem Mond an Gewicht zu und bei abnehmendem Mond wieder ab. Und so haben auch die Planeten unseres Sonnensystems ihren Einfluss auf uns, wenn wir das vielleicht auch weniger direkt spüren als beim Erdtrabanten. Nichtsdestotrotz: Diese Energien sind da, und sie bringen uns Unruhe, Aufbruchstimmung, den Drang uns zu verändern, sie hemmen und sie fördern uns, stärken oder schwächen unsere Ausdauer und unseren Fleiß, unsere Durchsetzungsfähigkeit und Vorstellungskraft. Wenn wir dann die Karten mischen und uns bewusst mit den Schwingungen der Planeten verbinden, übertragen wir diese Energien auf die Karten, sodass sie sich im Kartenbild niederschlagen können. Die Einflüsse der Planeten werden in den Karten sicht- und greifbar – und wir können sie für die Zukunftsdeutung nutzen.

Doch nicht nur die aktuellen (und längerfristigen) Planetenbewegungen fließen in das astrologische Kartenbild mit ein und geben uns Hinweise auf wichtige oder dringliche Aspekte im Leben des Fragestellers. Die Tierkreiszeichen steuern weitere Hinweise bei, etwa auf bestimmte Charaktereigenschaften und Potenziale des Betreffenden, die aktuell besonders gefragt oder gefordert sind oder die auf andere Art und Weise beachtet werden wollen. Die Häuser schließlich weisen auf betroffene Lebensbereiche hin.

Das astrologische Kartenlegen ist also als eine Art vereinfachte Kurzform der Astrologie zu verstehen. Und so folgt es, wie Sie sehen werden, etwas anderen Gesetzen als die klassische Kartenanalyse.

Einführung in das astrologische Kartendeuten

Um die Lenormand-Karten astrologisch zu deuten, ist es ist nicht erforderlich, dass Sie sich bereits mit der Astrologie auseinandergesetzt haben, wenngleich es natürlich von Vorteil ist. Doch ist es in jedem Fall möglich, mit dem stark vereinfachten Basiswissen der Astrologie, das Sie im Folgenden kennenlernen werden, zu interessanten und komplexen Deutungen zu kommen. Zu diesem Grundwissen gehören die vier astrologischen Elemente – Feuer, Wasser, Erde, Luft –, dann natürlich die zwölf Tierkreiszeichen, außerdem das System der zwölf Häuser und die 11 Planeten.

Schließlich müssen Sie sich nur noch einprägen, welche Lenormand-Karte welches Zeichen, welches Haus oder welchen Planeten repräsentiert – und schon können Sie loslegen und die Karten auf ganz neue Art und Weise deuten. Wie immer werden Sie anhand von Beispieldeutungen Schritt für Schritt nachvollziehen können, wie das funktioniert.

In einer astrologischen Prognose gehen wir dabei immer nach folgendem Frage-Schema vor:

1. Wer bin ich?/Wer ist die Rat suchende Person? Diese Frage bezieht sich auf die Tierkreiszeichen.
2. Welchem Einfluss bin ich/ist der Fragesteller ausgesetzt? Hier geben die Planeten Auskunft.
3. In welchem Lebensbereich schlägt sich dieser Einfluss nieder? Über diese Frage geben die Häuser Auskunft.

Zum Einstieg für astrologische Newcomer werden wir uns mit den Elementen sowie den zwölf Tierkreiszeichen beziehungsweise deren Haupteigenschaften befassen. Die vier Elemente dienen dem groben Überblick und sollen Ihnen helfen, ein Gespür für die unterschiedlichen Temperamente zu bekommen. Die Tierkreiszeichen, die in ihren typischen Merkmalen beschrieben werden, ermöglichen es dann, noch weiter zu differenzieren, um so eine Rat suchende Person relativ schnell und treffend einschätzen zu können. Denn je besser das gelingt, desto maßgeschneiderter können Ihre Interpretationen und Prognosen sein. Aber auch, wenn Sie die Karten für sich selbst legen, hilft die astrologische Analyse, klarer und mit einem gewissen Abstand sich selbst und die eigene Lage zu betrachten.

Die Elemente

Feuer: (Widder – Löwe – Schütze)

Menschen, die in einem der drei Feuerzeichen geboren sind, lieben die Veränderung, handeln impulsiv, sind abenteuerlustig und voller Tatendrang. Sie haben einen gewissen Führungsanspruch und können sich schlecht unterordnen. Wie das Feuer, welches immer in Bewegung ist, so braucht auch ein Feuerzeichengeborener immer Bewegung in seinem Leben und erträgt Stillstand nur ungern und mit viel innerer Unruhe und Ungeduld.

Erde: (Stier – Jungfrau – Steinbock)

Erdbezogene Menschen sind Realisten und lehnen Fantastereien ab. Sie sind bodenständig und gehen ungern Risiken ein, deshalb finden wir Erdzeichengeborene verstärkt unter den Angestellten wieder. Geselliger Ausgleich wird oft durch die Mitgliedschaft in einem (Sport-)Verein gesucht. Das traditionelle Leben sagt diesen Menschen zu: Verliebt – verlobt – verheiratet – Kinder bekommen und ein Haus bauen, so könnte das dann aussehen. Erdmenschen halten sich gern an Prinzipien und Regeln und sind von daher absolut verlässliche und disziplinierte Zeitgenossen.

Luft: (Zwillinge – Waage – Wassermann)

Das sind die kreativen Leute. Sie haben einen Hang zu Ästhetik, Symmetrie und revolutionären Ideen, die sie konsequent umsetzen. Luftzeichengeborene lassen sich nicht so leicht in eine Schublade stecken, denn sie sind Querdenker und betrachten eine Angelegenheit immer von (mindestens) zwei Seiten. Sie sind tolerant und ergreifen oft unvorhersehbar Partei. Geselligkeit im Kreise Gleichgesinnter ist ihnen wichtig, jedoch kommt es vor, dass sie zwiespältig sind und sich unverstanden fühlen. Dann neigen sie zu Gemütsschwankungen, sondern sich ab und werden Einzelgänger.

Wasser: (Krebs – Skorpion – Fische)

Wasserzeichengeborene sind sensibel, sehr emotional und haben eine stark ausgeprägte Intuition. Sie sind manchmal träge im Handeln, wenn nicht gar phlegmatisch, denn alles will genau durchdacht sein. Oft leiden sie unter ihrer starken Emotionalität und können von einer zur andern Minute von sehr zugänglich bis stark aufbrausend ihr Wesen verändern. Kraft und Energie holen sie sich aus ihrer Fantasie, die sie zu Meisterleistungen antreibt. Bei den Wassergeborenen steht die Wahrnehmung äußerer Umstände im Vordergrund. Wo andere die Gegebenheiten fraglos in Kauf nehmen, wird hier scheinbar Banales sowie alltägliche Routine genauestens hinterfragt.

Die Tierkreiszeichen

Aus astrologischer Sicht trägt jeder von uns alle zwölf Tierkreiszeichen in sich, nur sind sie jeweils unterschiedlich gewichtet. Unser eigentliches Tierkreis- oder Sonnenzeichen ist dabei in der Regel dominant. Trotzdem finden wir uns oft in der dazugehörigen Charakteristik nicht wieder und entdecken Tierkreiszeichen, deren Beschreibung viel besser zu uns passt. Ein Astrologe kann durch die Berechnung Ihres Horoskops die genaue Gewichtung herausfinden. Sie können aber genauso gut auch die vielen, oft kostenlosen Angebote im Internet nutzen, um sich Ihr persönliches Horoskop erstellen zu lassen. In unserem Fall der astrologischen Karteninterpretation tauchen oft mehrere Tierkreiszeichen im Kartenbild auf, die verschiedene Seiten und Potenziale des Fragestellers aufzeigen können.

Die Tierkreiszeichen geben im Kartenbild darüber Auskunft, welche Karte(n) mich beziehungsweise die Rat suchende Person im Kartenbild repräsentiert.

Widder: 21. März bis 20. April – DER BÄR

(Feuer) Hier haben wir es mit einer Kämpfernatur zu tun. Der Widder ist ungeduldig, impulsiv und sehr direkt. Er liebt den Konkurrenzkampf, sei es in Sport, Hobby oder Beruf, und geht nur ungern als Verlierer vom Platz.

DER BÄR ist ebenfalls ein Kämpfer, der kompromisslos sein Revier oder seine Kinder verteidigt.

Stier: 21. April bis 21. Mai – DIE FISCHE

(Erde) Nach dem Jäger kommen wir zum Sammler. Tatsächlich gehört der Stier zu jenen Menschen, die sich nur schwer von Dingen und Personen trennen können. Das Materielle ist Sache des Stiers. Gleichzeitig ist er ein Gemeinschaftswesen und organisiert diese gern.

Eigentlich sollte man denken, dass DIE FISCHE für das gleichnamige Tierkreiszeichen stehen und nicht für den bodenständigen Stier. Doch bei Lenormand stehen DIE FISCHE für Reichtum, also für materielle Dinge, welche die Domäne des Stiers sind.

Zwillinge: 22. Mai bis 21. Juni – DIE WEGE

(Luft) Zwillinge sind sportlich und immer in Bewegung. Sie brauchen ihr Publikum, bei dem sie sich ungezwungen mitteilen und durch schwungvolle Reden begeistern können. Zwillinge haben, wie ihr Name schon sagt – oft zwei Gesichter und sind deshalb nicht leicht einzuschätzen und schon gar nicht festzunageln.

DIE WEGE symbolisieren die geistige Offenheit und Flexibilität des Zwillingegeborenen, manchmal auch die Schwierigkeit, sich zu entscheiden.

Krebs: 22. Juni bis 22. Juli – DAS KIND

(Wasser) Der Krebs ist das ewige Kind unter den Tierkreiszeichen. Er ist verspielt und löst sich nur schwer vom Elternhaus. Ein Krebs braucht die Geborgenheit, und selbst wenn alles in Ordnung scheint, fühlt sich der Krebs vernachlässigt. Gern kümmert er sich um seine Lieben und bereitet ihnen ein behagliches Nest. Jedes KIND ist sensibel und braucht viel Zuneigung, genau wie der Krebs.

Löwe: 23. Juli bis 23. August – DAS HERZ

(Feuer) Hier haben wir das zweite Kind im Tierkreis. Auch ein Löwe ist sehr verspielt und wird nie richtig erwachsen. Er ist naiv und fällt oft auf seine Mitmenschen herein, dafür ist er aber auch ein kleiner Angeber und tummelt sich gern unter seinesgleichen. Mit einem Löwen an der Seite ist immer etwas los, denn er ist voller Tatendrang, handelt schnell, ist sehr gesellig und ein großzügiger Chef.

DAS HERZ repräsentiert bei astrologischen Legungen den Löwen, denn er ist ein leidenschaftlicher Charakter, der die Dinge mit Begeisterung angeht und viel Herzblut in seine Projekte investiert.

Jungfrau: 24. August bis 23. September – DIE MÄUSE

(Erde) Jungfrauen können sehr bescheiden sein und im Hintergrund bleiben. Sie sind sehr analytisch und können ihre Mitmenschen oft genau beschreiben, wobei sie gern auf psychologische Aspekte eingehen. Mathematische Aufgaben und Geschäftskalkulationen bereiten der Jungfrau ebenso viel Freude wie ein sauberes Heim und adrette, klassische Kleidung.

DIE MÄUSE sind fleißig und wirken im Verborgenen. So passen sie optimal zur Jungfrau.

Waage: 24. September bis 23. Oktober: DIE BLUMEN

(Luft) Strategisch, taktisch und sehr diplomatisch! Die Waage weiß immer, wie sie geschickt die Fäden ziehen kann, damit sich niemand übervorteilt fühlt. Waagen sorgen immer für den Ausgleich, da sie Disharmonie nicht ertragen können. Sie haben einen Sinn für Ästhetik, alles Schöne, besitzen häufig eine hohe Allgemeinbildung und sind sprachlich versiert.

DIE BLUMEN stehen, wie die Waage, für Schönheit und Ästhetik, aber auch für Vielfalt und Harmonie.

Skorpion: 24. Oktober bis 22. November – DIE SCHLANGE

(Wasser) Der Skorpion ist der Magier unter den Tierkreiszeichen. Er kann seine Mitmenschen so für eine Sache begeistern, dass diese ihm bereitwillig folgen. Er hat klare Vorstellungen, schmiedet Pläne und ist eine Führungspersönlichkeit.

DIE SCHLANGE ist nicht eben die positivste der Lenormand-Karten, da sie als geschickte Lügnerin und Intrigantin gilt. Wir wollen dem Skorpion nichts unterstellen, aber er schöpft schon alle Möglichkeiten aus, um seine Pläne zu verwirklichen – nicht hinterhältig, aber auch nicht immer zu durchschauen.

Schütze: 23. November bis 21. Dezember – DER FUCHS

(Feuer) Sie werden kaum einen Piloten finden, der nicht eine Schützebetonung im Horoskop hat. Die Schützen sind die Reisenden schlechthin und halten sich gern im Ausland auf. Aber es darf auch mal nur die Spritztour ins nächste Eiscafé sein. Sie lieben es zu philosophieren und zu diskutieren und sind häufig in intellektuellen Kreisen anzutreffen. DER FUCHS ist clever und steht für Intelligenz und Raffinesse – genauso wie der Schütze.

Steinbock: 22. Dezember bis 20. Januar: DER BERG

(Erde) Steinböcke lieben Struktur und Systeme und sind oft mit dem Staat verbunden, zum Beispiel indem sie für ihn arbeiten. Polizisten, Soldaten, Lehrer – die meisten haben eine Steinbockbetonung. Leider haben beziehungsweise machen es sich Steinböcke im Leben oft selbst schwer, weil sie immer eine gewisse für sich definierte Ordnung einhalten müssen und nicht mal fünfe gerade sein lassen können.

DER BERG ist die Heimat des Steinbocks – und repräsentiert ihn deshalb im Kartendeck.

Wassermann: 21. Januar bis 19. Februar – DIE STÖRCHE

(Luft) Wenn einer für Diskussionsstoff sorgt, dann ist es der Wassermann. Spätestens wenn alle sich einig sind, tritt er mit der Gegenmeinung auf den Plan. Auch der Wassermann braucht stetige Veränderung und Bewegung und ist häufig an seinem wechselnden Äußeren zu erkennen.

DIE STÖRCHE der Lenormand stehen für Veränderungen, und so sind sie das passende Symbol für den Wassermann.

Fische: 20. Februar bis 20. März – DIE STERNE

(Wasser) Möglichst nicht auffallen und im Rampenlicht stehen, so lautet die Devise der Fischegeborenen, denn es ist ihnen höchst unangenehm. Lieber leben sie im Hintergrund in ihrer eigenen Welt und hängen ihren Träumereien nach.

Der Fisch hat eine tiefe Verbindung zum Unbewussten und grübelt gern darüber nach – ein Leben lang. Er ist der Intuitivste unter den Tierkreiszeichen.

DIE STERNE könnten die Träumereien des Fischs, aber auch seinen »Draht nach oben« symbolisieren.

Die Planeten

Nun lernen Sie die Energien der einzelnen Planeten mit ihrem jeweiligen Einfluss auf uns und unser Leben kennen – sowie die Zuordnung jedes Planeten zu den Lenormand-Karten. Dabei sind es nur elf Planeten, mit denen wir beim Kartenlegen arbeiten, nämlich die relevantesten und bereits bewährten. Die Venus kommt doppelt vor, was daran liegt, dass es nun mal nur 11 für die astrologische Deutung relevante Planeten gibt.

Mars – Der Herr

Der Mars ist das männliche Symbol. Er steht immer für eine kämpferische Energie. Er will sich durchsetzen, siegen, gewinnen. Man muss mit Aggressionen von außen rechnen oder kann selbst sein Temperament nicht zügeln.

Der Herr, als der Mann im Kartenbild ist natürlich das richtige Symbol für den Mars.

Venus – Die Dame; Die Eulen

Beide Karten symbolisieren Absicherung und Abgrenzung. Sie können außerdem bedeuten, dass man der Gemeinschaft dienen möchte und Kontakte für Dritte herstellt. Die Venus steht auch für Verträge, Partnerschaft sowie für Veränderungen, welche die Wohnsituation betreffen. Und natürlich steht die Venus seit je für das Weibliche.

Zweifellos ist Die Dame die Karte für die Venus. Schließlich ist sie die weibliche Hauptperson im Kartendeck. Die Eulen sind eine Kontaktkarte; hier werden Verbindungen geknüpft, Gespräche geführt, und so passen sie ebenfalls zur Venus.

Merkur – Der Brief

Mit dem Merkur werden Kommunikationsmittel aller Art, wie Zeitungen, Internet, Radio, TV usw., ebenso die Sprache und der sprachliche Ausdruck assoziiert.

Der Brief ist bei Lenormand eine Nachrichtenkarte, außerdem steht er für alles Gedruckte. So passt er perfekt zum Merkur.

Mond – Der Mond

Gefühle, Empfindungen und seelisches Gleichgewicht werden vom Mond repräsentiert, außerdem steht er für das Weibliche, Dunkle, Tiefe sowie für das Leben in Zyklen und Rhythmen. Auch gilt er als Planet des Volkes.

Die Lenormand-Karte Der Mond repräsentiert natürlich auch den realen Erdtrabanten.

Sonne – Die Sonne

Der Stand der Sonne im Horoskop zeigt an, unter welchem Tierkreiszeichen wir geboren sind; ihre Position in einem bestimmten Haus zeigt, wo unsere Potenziale liegen. Die Sonne repräsentiert das Ich.

Dass die Lenormand-Karte Die Sonne für die Sonne steht, muss wohl nicht weiter erläutert werden!

Chiron – Der Baum

Dieser Planet wurde vor noch gar nicht so langer Zeit, nämlich 1976 entdeckt. Nach neuesten Erkenntnissen hat dieser

Planet analytische Qualitäten. So haben Chemiker, Kriminologen oder Schriftsteller meist eine Chironbetonung. Im Kartenbild bedeutet Chiron, dass der Fragesteller etwas ganz genau untersuchen will.

Die Äste des BAUMS wachsen in alle Himmelsrichtungen und symbolisieren so das Erforschen vieler Möglichkeiten sowie das Streben nach Erkenntnis.

Pluto – DER SCHLÜSSEL

Pluto steht fürs Pläneschmieden, für Vorstellungen, Ideen und Eingebungen. Er ist auch der Bewahrer des Wissens – nichts wird preisgegeben.

So passt das Symbol des SCHLÜSSELS gut zum Pluto. Denn er ist sozusagen der Schlüssel zur Intuition. Außerdem hat eine Person mit Plutobetonung die »Schlüsselgewalt« – sie bestimmt, wo's langgeht.

Jupiter – DER KLEE

Jupiter ist der Glücksplanet schlechthin! Er steht für Expansion, für Glück und Erfolg im geschäftlichen und zwischenmenschlichen Bereich. Gutes Gelingen oder ein wichtiger Durchbruch in jedem großen oder kleinen Lebensbereich ist möglich.

DER KLEE, als Glückskarte und Glücksymbol, ist hier natürlich die passende Karte.

Saturn – Der Turm

Saturn steht für den Staat, Systeme, Begrenzungen, Isolation, Einschränkungen, Misslingen. Aber er kann auch Fleiß, Disziplin oder die Vorbereitungsphase eines Projekts anzeigen.

Der Turm steht bei den Lenormand-Karten für Ämter, Behörden und andere staatliche Einrichtungen.

Uranus – Die Sense

Uranus bringt Unruhe. Veränderungen, Umbrüche und Umwälzungen sind sein Metier. Der Uranus bringt uns auch gern auf den rechten Weg zurück, den wir, unserem Schicksal gemäß, beschreiten sollen – und das ist in der Regel mit Schmerzen, aber auch mit Erkenntnis verbunden.

Die Sense schneidet Altes ab. So wird der Blick frei auf das »Eigentliche«, auf neue Wege und Chancen.

Neptun – Die Wolken

Beim Neptun wird alles in Nebel gehüllt. Man wird übersehen und sieht selbst nicht klar. Taucht er im Kartenbild auf, dann hat der Fragende vermutlich die berühmte »rosa Brille« auf. Ein böses Erwachen ist leider oftmals vorprogrammiert.

Die Wolken verschleiern etwas, ebenso wie der Nebel. Man wird übersehen oder etwas fällt ins Wasser.

Die Häuser

Die sogenannten Häuser beschreiben die Standorte der Planeten in einem Horoskop. Dabei steht jedes Haus für eine bestimmte Thematik oder einen speziellen Lebensbereich. So gibt es zwölf verschiedene Themen und je nach Kombination mit Planeten oder Tierkreiszeichen findet dort ein anderes Ereignis oder eine Begebenheit statt, bei der die persönliche Anlage ausgelebt wird.

1. Haus: Durchsetzung – Die Rute

In diesem Haus werden immense Energien mobilisiert, um sich durchzusetzen. Dies bezieht sich auf alle Lebensbereiche und muss nicht immer nur mit den berühmten Ellenbogen im Job gleichgesetzt werden.

Die Rute war auf früheren Abbildungen ein Schwert, also eine Waffe, mit der die eigenen Ziele erkämpft werden konnten.

2. Haus: Absicherung – Das Haus

Hier sichert man sich ab; es wird gehortet und gesammelt – frei nach dem Sprichwort: Was man hat, das hat man. Es wird ungern abgegeben, da man im 2. Haus stets die Befürchtung hat, für schlechte Zeiten vorsorgen zu müssen. Auch werden Angelegenheiten geregelt und gesichert: Man trifft hieb- und stichfeste Vereinbarungen und unterschreibt Verträge.

Das Haus steht für das Heimatgefühl und einen geringen Drang, sich zu verändern.

3. Haus: Darstellung – Der Reiter

Das 3. Haus ist das Haus der Darstellung. Hier geht es um die Oberfläche, um die eigene Person, die eine geeignete Bühne braucht, um sich darzustellen. Der Schauplatz selbst kann dabei völlig unterschiedlich aussehen. Es mag die tatsächliche Bühne sein, das Sportfeld oder der Tresen in der Kneipe.

Der Reiter als Nachrichtenübermittler ist auch eine Figur des öffentlichen Lebens. Auf dem Bild ist er adrett gekleidet, um sich selbst gut darzustellen und anerkannt zu werden.

4. Haus: Empfindung – Der Hund

Fürsorge, sich um das Wohl anderer kümmern und für Behaglichkeit, Gemütlichkeit und Geborgenheit sorgen, das ist das Thema des 4. Hauses. Und wie setzt man das in die Tat um? Beispielsweise als Altenpflegerin, als Köchin, Hausfrau, Hotelier oder Handwerker.

Der Hund ist eine treue Seele, der Geborgenheit schenkt und auch selbst braucht.

5. Haus: Erleben – Die Lilie

Man lässt es sich gut gehen im 5. Haus. Es wird erlebt, genossen, abgeschaltet; man sucht das Besondere, Einzigartige und schöpft aus dem Vollen – auch, wenn die Dinge eigentlich nicht so rosig aussehen.

Die Lilie repräsentiert bei Lenormand Leidenschaft und Liebelei, steht also auch für ein ausschweifendes Leben, wie es im 5. Haus stattfindet.

6. Haus: Arbeit und Analyse – Der Anker

Das 6. Haus beherbergt mindestens zwei Themenbereiche. An erster Stelle stehen Arbeit und Fleiß; hier wird aufgeräumt und für Ordnung gesorgt. Deshalb funktioniert die Buchführung auch so hervorragend und der Haushaltsplan wird erfüllt. Das zweite Thema dieses Hauses ist ein gewisser Scharfsinn, mit dem Beobachtungen und perfekte Analysen im zwischenmenschlichen Bereich gelingen.

Der Anker korrespondiert hauptsächlich mit dem ersten Thema des 6. Hauses, da er bei Lenormand die Arbeit repräsentiert.

7. Haus: Begegnung – Der Park

Das ist der Raum für Begegnungen. Hier werden Kontakte geknüpft – seien sie zwischenmenschlicher oder geschäftlicher Art. So steht das 7. Haus auch für den geistigen Austausch.

Der Park steht ebenfalls für Begegnungen und Öffentlichkeit; so ist er die passende Karte für das 7. Haus.

8. Haus: Bindung – Der Ring

Hier werden Pläne, Vorstellungen und Ideen in die Tat umgesetzt. Personen und Gruppen gleicher Interessensgebiete kommen zusammen; gemeinsame Begeisterung für eine Sache führt schließlich zum Ziel. Die Bindungen des 8. Hauses können auf verschiedenen Ebenen zustande kommen (Hobby, Beruf, Partnerschaft etc.). Gleichzeitig sind hier die Magie und der Zauber, das nicht Greifbare beheimatet. Geistige Inhalte werden in diesem Haus durchleuchtet.

Der Ring ist das klassische Symbol für Bindung und Beziehung, so wurde es dem 8. Haus zugeordnet.

9. Haus: Verstehen, Expansion – Das Schiff

Im 9. Haus lösen sich Bindungen (8. Haus) auf. Die Themen sind hier globales oder ganzheitliches Denken und Verstehen, Freiheit und Toleranz, aber auch die Weite und das Ausland sowie geistige und materielle Expansion.

Da Das Schiff für Reisen wie für das Ausland steht, liegt es nahe, dass es das 9. Haus repräsentiert. Auch Weitblick und der erweiterte Horizont, der durch den Abstand vom Gewohnten entsteht, passt zu den Themen Toleranz und (geistige) Expansion.

10. Haus: Begrenzung, Staat – Das Kreuz

Gezielte Anstrengung, die Vorbereitung eines Projekts sowie Trennungen aller Art werden mit dem 10. Haus assoziiert. Auf die eine oder andere Art findet immer eine Begrenzung der persönlichen Freiheit beziehungsweise eine Isolation statt, zum Beispiel weil man lernt oder sich auf etwas vorbereitet. Diesen Zustand sollte man akzeptieren, denn man wird schließlich dafür belohnt werden – nämlich mit Erfolg.

Das Kreuz symbolisiert bei Lenormand eine Bürde oder Last und korrespondiert so mit der (staatlichen) Begrenzung des 10. Hauses.

11. Haus: Umbruch – Der Sarg

In diesem Haus brechen sich tief greifende Veränderungen Bahn, die mit viel Bewegung verbunden sind und uns zum eigentlichen Ursprung unserer individuellen Anlagen zurückführen. Eine glückliche Fügung des Schicksals wird im 11. Haus begünstigt.

DER SARG zeigt an, dass etwas zu Ende gegangen ist. Gleichzeitig markiert er einen Neuanfang, eine Wiedergeburt auf einer anderen Ebene.

12. Haus: Intuition, das Unbewusste – DAS BUCH

Hier findet die Auflösung alles Materiellen statt – Hab und Gut sind nicht wichtig, um glücklich zu sein. Außerdem werden die Intuition und ein Sinn für die Geisteswissenschaften entdeckt.

DAS BUCH, das bei Lenormand ein Geheimnis symbolisiert, steht damit auch für das (noch) nicht Entschlüsselte und Unbekannte. So ist es ein passendes Symbol für das 12. Haus, das Immaterielle, das Unbewusste.

Gruppenzugehörigkeit

Vielleicht ist Ihnen schon aufgefallen, dass einige Beschreibungen von Tierkreiszeichen, Planeten und Häusern eine gewisse Ähnlichkeit aufweisen? Das kommt daher, dass jedes Tierkreiszeichen eine »Wohnung«, sprich ein Haus besitzt und gleichzeitig von einem Planeten beherrscht wird. In der folgenden Liste finden Sie die jeweiligen Zuordnungen – für den schnelleren Überblick.

Widder	1. Haus	Mars
Stier	2. Haus	Venus
Zwilling	3. Haus	Merkur
Krebs	4. Haus	Mond
Löwe	5. Haus	Sonne
Jungfrau	6. Haus	Chiron
Waage	7. Haus	Venus
Skorpion	8. Haus	Pluto
Schütze	9. Haus	Jupiter
Steinbock	10. Haus	Saturn
Wassermann	11. Haus	Uranus
Fische	12. Haus	Neptun

Die Praxis

Nun haben Sie das Handwerkszeug kennengelernt. Prägen Sie sich die Entsprechungen von Lenormand-Karten und astrologischen Aspekten gut ein, und Sie haben das Fundament für die astrologische Kartenanalyse gelegt. In der Praxis ist allerdings zusätzlich ein wenig Kombinationsgabe gefordert: Wenn Sie ein Kartenbild vor sich haben, überlegen Sie immer wieder neu, wie die verschiedenen Energien aufeinander wirken beziehungsweise was sie auslösen oder verursachen könnten. Jede Konstellation will genau untersucht sein. Was passiert? Wo passiert es? Wie passiert es? Und vielleicht erklärt Ihnen die Astrologie sogar, warum es passieren muss. Sie werden sich wundern, wie schnell Sie dazulernen und sich Ihr Gespür für die Botschaften der Karten entwickelt.

Zum Einstieg deuten wir zum Vergleich eine Zweier- und eine Dreier-Kartenkombination erst nach der klassischen Methode, wie Sie sie im Kapitel Legesysteme und Kartenbilder kennengelernt haben, und dann astrologisch. Dabei wird deutlich, dass die Deutung auf Grundlage der Astrologie eine Prognose einerseits inhaltlich vertiefen und andererseits den Zeitfaktor ausdehnen kann. Denn sind die klassischen Aussagen in der Regel kurzfristiger Natur, können die Karten, astrologisch gedeutet, längerfristige Vorhersagen machen.

Beispiel 1: DIE SENSE und DIE DAME

Geläufige Interpretation

Herkömmlich interpretiert, sagt diese Kombination erst einmal nichts Erfreuliches aus. DIE SENSE zeigt mit der Spitze direkt auf die weibliche Hauptperson, es lauert also von irgendwoher Gefahr, die wir nur mit Hilfe weiterer Karten im Kartenbild genauer definieren können. Doch in der Zweier-Kombination sagen uns die beiden Karten, dass die Dame Zahnschmerzen hat und dringend zum Zahnarzt gehen sollte. Vielleicht fühlt sie sich auch generell nicht wohl, weil eine Grippe oder Erkältung im Anmarsch ist. Meistens zeigt DIE SENSE den Kopfbereich an, aber manchmal ist sie auch ein Hinweis auf den Unterleib oder auf ein plötzliches Unglück und eine dabei entstehende, vermutlich eher kleinere Verletzung, zum Beispiel eine Verstauchung, Prellung oder Schnittwunde. Ebenso kann die »schnelle« SENSE Hektik, Stress, Kopf- und Ratlosigkeit symbolisieren. Außerdem hat sie einen trennenden Aspekt – etwas wird abgeschnitten oder gekappt, damit das Neue wachsen kann.

Auf den ersten Blick sieht es also für DIE DAME nicht besonders gut aus. Allerdings ist dies eine kurzfristige Prognose, die ein bis zwei Tage später schon der Vergangenheit angehören wird. Eine längerfristige stimmige Aussage liefert uns die Astrologie.

Astroanalyse

Astrologisch gesehen symbolisiert DIE DAME den Planeten Venus. Die Venus steht, wie wir gesehen haben, für Schönheit, Sprachgewandtheit, hohes Allgemeinwissen, Verträge, Bindungen usw. Dabei steckt nicht der Fragesteller selbst in einer Bindung, sondern er stellt Kontakte für andere her, indem er Begegnungen ermöglicht. Wie könnte das in der Praxis aussehen? Ein Café zum Beispiel ist ein Ort, an dem Begegnungen stattfinden und Kontakte geknüpft werden. Der Betreiber eines solchen Cafés steht im Zeichen der Venus. Er selbst muss einen gepflegten, ästhetischen Eindruck machen, auf Menschen zugehen und vermitteln können, sodass seine Gäste sich bei ihm wohlfühlen.

Uranus wird der SENSE zugeordnet. Er gilt als der revolutionäre Planet schlechthin. Uranus bringt Unruhe und sorgt für schicksalhafte Veränderungen. Seine Botschaft lautet: Zurück zum Ursprung. Sich von alten Wertvorstellungen trennen und für neue Dinge offen sein. Eine Auslösung, also eine Konstellation im Horoskop, welche eine einschneidende Veränderung der Lebensführung beinhaltet, dauert nur drei Monate und dürfte in dieser Hinsicht einen wahren Crashkurs bedeuten. Der Geist dürstet nach Umwälzung und fordert dazu auf, endlich die eigenen wahren Anlagen auszuleben. Nehmen Sie den Einfluss des Uranus an, dann können Sie sich auf eine spannende Zeit gefasst machen, wehren Sie sich gegen die anstehenden Veränderungen, dann wird Ihnen der Umbruch eher mit Schmerzen einhergehen. Sie sind dann aufsässig, übel gelaunt und werden von Verlustängsten gebeutelt. Familie, Partner, Job, Wohnsituation – Sie wollen nicht loslassen?

Dann präsentiert Ihnen Uranus vielleicht eine Nebenbuhlerin, damit Sie Ihren Partner verlassen »müssen«; oder Sie geraten in einen heftigen Clinch mit Ihren Eltern, der auf die Schnelle nicht wieder beizulegen ist; Ihr Chef wirft Sie aus der Firma, vielleicht sogar ohne triftigen Grund; oder Ihr Vermieter meldet Eigenbedarf an, sodass Sie gezwungen sind, sich eine neue Bleibe zu suchen. Sie können aber auch die sanfte Variante wählen und auf Ihren Bauch oder Verstand hören. Verlassen Sie selbst Ihren Partner, wenn er Ihnen die Flügel stutzen will, reden Sie rechtzeitig ein deutliches Wörtchen mit Ihren Eltern, bevor die Situation eskaliert. Kündigen Sie Ihre Arbeit, weil sie Sie sowieso langweilt; ziehen Sie vom Dorf in die Stadt oder umgekehrt, um endlich Ihr Potenzial zu leben. Unabhängigkeit sollte das Ziel heißen. Dafür braucht es Mut und Risikobereitschaft, die aber belohnt werden.

Venus (DIE DAME) steht also für Bindungen, Uranus (DIE SENSE) für Umbruch. Der Transit Venus – Uranus bedeutet demnach, dass eine Bindung, in der Sie stecken, aufgebrochen oder auch umstrukturiert wird, sodass Sie sich zu neuen Ufern aufmachen können und müssen. Dabei muss allerdings unterschieden werden: DIE DAME steht zwar für die Venus, aber auch für die Ratsuchende, die sehr wahrscheinlich in mehreren Bindungen steckt, sei es in Familie, Partnerschaft, im Verein oder im Beruf. DIE DAME wird aber bei der astrologischen Deutung als Ratsuchende nicht mit einbezogen. Liegt sie jedoch bei dem HERRN, wenn dieser ein Ratsuchender ist, dann wird sie unter dem Aspekt der Venus mit interpretiert. Im Übrigen sagen Uranus und Venus noch nichts über das Wo und Wie aus. Geht es hier um eine Partnerschaft oder um den Beruf? Und wenn das geklärt ist: Was kommt Neues auf Sie zu? Um diese Fragen zu beantworten, werden mehrere Karten benötigt, wie Sie weiter unten noch sehen werden.

Beispiel 2: DIE SENSE, DER SCHLÜSSEL und DER REITER

Geläufige Interpretation

DER REITER steht, wie wir wissen, für eine Nachricht, DER SCHLÜSSEL – das Ausrufezeichen der Lenormand – bestätigt dies: Die Nachricht kommt mit Sicherheit. DIE SENSE sorgt dabei entweder für eine schnelle oder eine plötzliche Aktion oder dafür, dass wir uns über die Mitteilung ärgern. Vielleicht bringt sie aber auch Kummer und Sorgen.

Astroanalyse

DER REITER steht für das 3. Haus, in dem man sich nach außen hin präsentiert und darstellt. Man steht im Rampenlicht oder betreibt Handel, man sucht Kontakte und braucht die Bestätigung beziehungsweise sein Publikum. Das 3. Haus ist die Bühne. Hier wird also die Frage nach dem Wo beantwortet. Wo findet die Lebensveränderung statt? Im 3. Haus, dem Schauplatz für Außenkontakte.

Der Uranus wurde ja bereits in Beispiel 1 besprochen; er

steht für Unruhe und einen radikalen Umbruch. Pluto (DER SCHLÜSSEL) repräsentiert die geistige Ebene. Der Pluto »denkt«; er steht für Vorstellungen und Fantasien. Ein klares Ziel wird angestrebt, das unbedingt verwirklicht werden will. Dabei kann es passieren, dass die betreffende Person einen gewissen Fanatismus an den Tag legt und zum Perfektionismus neigt. Eine Plutobetonung bringt nur Erfüllung, wenn ein Vorhaben gelingt. Sitzt die Person zum Beispiel im Firmenvorstand oder ist Fußballtrainer, so wird sie alles daransetzen, ihren Gefolgsleuten das Ziel schmackhaft zu machen und es ihnen in den schönsten Farben ausmalen. Eine Person mit einer Plutobetonung hat sozusagen die Schlüsselgewalt – sie öffnet und verschließt Türen, sie bestimmt, in welche Richtung marschiert wird.

Wenn wir all diese Informationen zusammennehmen, bedeutet der Transit Uranus – Pluto im 3. Haus, dass ein Plan im Haus der Darstellung erfüllt werden soll. Eine Person stellt sich vor, dass sie berühmt wird oder sie hat den Wunsch oder inneren Drang im Rampenlicht zu stehen, und sie wird alles daransetzen, dieses Vorhaben zu realisieren. Uranus, der mit Pluto zusammenwirkt, beschert dem Betreffenden zudem einen gewissen Zwang, denn er bringt Unruhe in die Sache und es finden ständig Veränderungen in der Ziel- oder Umsetzung statt. Sänger, Schauspieler, Schriftsteller, Fußballstar? Oder auch »nur« Erfolg bei Vermittlungsgeschäften oder im Handel? Welche Möglichkeiten hat die Person, ihre Potenziale ruhmreich zu verwirklichen? In jedem Fall reichen diese drei Karten nicht aus, um herauszulesen, ob es gelingen wird, das Publikum zu begeistern. Dafür brauchen wir weitere Hinweise, also weitere Karten und nicht nur einen kleinen Ausschnitt.

Trotzdem könnte man einer Rat suchenden Person aufgrund dieser Dreier-Konstellation sagen, dass ihre Ziele zwar ihrer persönlichen Anlage entsprechen, sie damit aber nur Erfolg haben wird, wenn sie diese auch mit Herz und Seele verfolgt. Das heißt, dass die Fragestellerin sich selbst genau überprüfen sollte: Was macht ihr wirklich Spaß? Was entspricht tatsächlich ihrer Persönlichkeit? So geht sie sicher, nicht aus falschen Motiven heraus zu handeln. Denn dann wäre ihr Handeln zum Scheitern verurteilt.

Astrologische Deutung eines großen Kartenbildes

Nun wollen wir uns an ein großes Kartenbild wagen und es astrologisch deuten. Dazu noch einige wichtige Hinweise: Um die Personenkarte herum, die bei einer astrologischen Legung immer DIE DAME oder DER HERR ist – sollten sich nie mehr als vier Tierkreiszeichen befinden. Ist das aber doch der Fall, so haben Sie nicht das richtige Kartenbild gelegt. Möglicherweise waren Sie nicht konzentriert genug. Oder, was wahrscheinlicher ist, Sie legen sich regelmäßig die Karten, sodass keine langfristige Prognose durch die Karten möglich ist. Schließlich ist es auch denkbar, dass einfach nichts Besonderes für Sie – oder den Fragesteller – anliegt. Das Gleiche gilt, wenn nur Tierkreiszeichen und Häuser, aber keine Planeten um die Personenkarte liegen. Eine astrologische Prognose ist nur dann möglich, wenn ein halbwegs ausgewogenes Verhältnis zwischen Tierkreiszeichen, Häusern und Planeten herrscht. Tipp: Sollte dies nicht der Fall sein, legen Sie die Karten zu einem späteren Zeitpunkt noch einmal.

Beispiel 1

In unserem ersten Beispiel sehen Sie den Idealfall: DIE DAME (Fragestellerin) liegt ziemlich zentral. Dadurch haben wir für die Analyse acht Karten zur Verfügung. DIE DAME wird dabei nicht mit einbezogen, benötigt werden lediglich die direkt angrenzenden Karten. Sollte die fragestellende Person einmal in einer Ecke zu liegen kommen, so haben Sie nur drei Karten zur Verfügung und wenn sie sich am Rand befindet, können Sie nur fünf Karten analysieren.

Und so gehen Sie Schritt für Schritt vor:

1. Schritt: Herauslegen

Wir nehmen die acht Karten, die direkt um die Personenkarte herum liegen, heraus und notieren uns die astrologischen Entsprechungen. DIE DAME wird nicht benötigt, da es sich bei diesem Kartenbild um eine weibliche Ratsuchende handelt, somit interessieren uns lediglich die Karten um die fragende Person.

DIE SENSE	–	Uranus
DIE BLUMEN	–	Waage
DER HUND	–	4. Haus
DAS KIND	–	Krebs
DER PARK	–	7. Haus
DER KLEE	–	Jupiter
DER TURM	–	Saturn
DAS BUCH	–	12. Haus

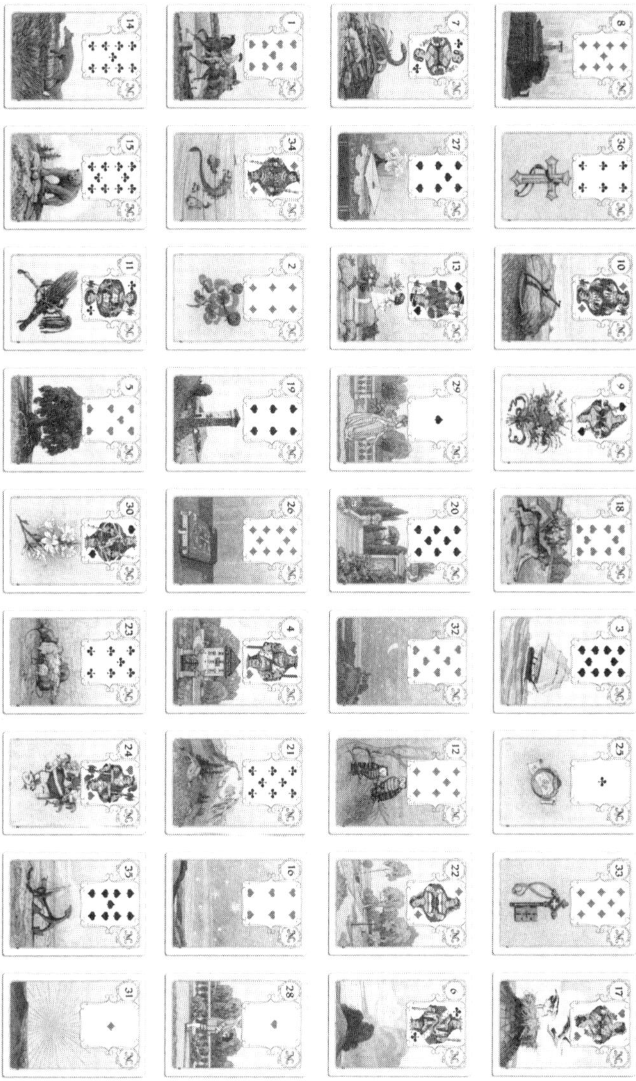

2. Schritt: Übersicht

Für die bessere Übersicht teilen wir die Karten in Tierkreiszeichen, Häuser und Planeten ein.

Tierkreiszeichen:	Waage und Krebs
Häuser:	4., 7. und 12. Haus
Planeten:	Uranus, Jupiter und Saturn

3. Schritt: Analyse der Tierkreiszeichen

Die Tierkreiszeichen beziehen sich immer direkt auf die fragende Person. Oft habe ich erfahren, dass eine Rat suchende Person ein anderes Tierkreiszeichen hat, als im Kartenbild zu erkennen ist. Bedenken Sie, dass man nicht immer auf den ersten Blick die persönlichen Anlagen erkennen kann. Sie erinnern sich: Jeder trägt Aspekte aller Tierkreiszeichen in sich. In diesem Fall war die Ratsuchende im Zeichen des Schützen geboren, trug aber auch deutliche Waage- und Krebs-Anteile in sich.

Die Waage schafft Kontakte; es ist ihr geradezu ein innerer Drang, Kontakte und Begegnungen für andere zu ermöglichen. Der Krebs kümmert sich in erster Linie um seine Mitmenschen, darin findet er seine Befriedigung.

4. Schritt: Deutung der Häuser

Nun kommt das Wo. Wo oder in welchem Lebensbereich findet eine Veränderung im Leben der Rat suchenden Person statt? Im 4., 7. und 12. Haus, also in den Bereichen des Empfindens, der Fürsorge oder auch des Volkes, dann im Haus der Begegnungen oder des Publikumsverkehrs und schließlich im

Haus des Unbewussten, der Intuition und der Spiritualität. Wie bringen wir nun diese drei Häuser auf einen Nenner? Am besten, indem wir logisch vorgehen und versuchen zu kombinieren. Dazu brauchen wir aber noch die Bedeutungen der Planeten.

5. Schritt: Deutung der Planeten

Uranus, Saturn und Jupiter tauchen in diesem Kartenbild auf. Wir notieren nochmals stichpunktartig die Einzelaussagen und kombinieren dann die Planeten untereinander.

Einzelaussagen:

Uranus: Umbruch, Umwälzung, schicksalhafte Veränderung
Saturn: Begrenzung, Fleiß, Disziplin, Trennung
Jupiter: Expansion, Erfolg, Glück

Transite:

Saturn – Uranus: Unvereinbarkeit, Trennung
Jupiter – Uranus: Lang anhaltender Erfolg
Jupiter – Saturn: Geglückter Vorstoß, aber auch Erfolg durch Fleiß und Disziplin

Die Reihenfolge der Transite spielt übrigens keine Rolle.

6. Schritt: Gesamtdeutung

Nun bedarf es ein wenig Fantasie, um dieser Sammlung von Schlagworten eine Gesamtdeutung zu entlocken. Der Reihe nach haben wir festgestellt, dass DIE DAME die Anlagen der Waage und des Krebses hat. Sie sollte sich demnach um das Wohl der Allgemeinheit kümmern (Krebs) und einen Raum für Begegnungen und Kontakte schaffen (Waage). Diese persönlichen Anlagen scheinen bislang im realen Leben nicht umgesetzt worden zu sein, denn die anstehenden Veränderungen finden in den Häusern ihrer astrologischen Anlage statt (4. und 7. Haus = Krebs und Waage). Zusätzlich kommt noch eine Veränderung im 12. Haus dazu. Wir können uns denken, dass hier der spirituelle oder religiöse Bereich angesprochen wird, oder es findet eine Veränderung der Persönlichkeit statt, da man neue Erkenntnisse zulässt und die Welt begreifen will. Die Transite widersprechen allerdings diesem Gedankengang. Sie sagen aus, dass eine berufliche Veränderung ansteht. Saturn – Uranus ist die Übersetzung dafür, dass die Fragestellerin sich von etwas trennen wird, weil es schon lange nicht mehr in ihr Leben gepasst hat. Sie arbeitete bisher als Bilanzbuchhalterin, eine falsche Berufswahl. Sie wurde immer unzufriedener, das erzählte sie im Beratungsgespräch, und der Wunsch, ihr wahres Ich und ihre tatsächliche Berufung zu finden, immer stärker. Nun, sich von heute auf morgen mit spirituellen Dingen zu befassen und damit Geld zu verdienen, ist so ohne Weiteres nicht möglich, und so kommen wir zum zweiten Transit: Jupiter – Saturn. Saturn steht für Begrenzung, Fleiß, Disziplin. Die Fragestellerin geht noch einmal in die Lehre, und diesmal lernt sie das für sie Richtige. Sie befasst sich mit dem Kartenlegen, aber auch mit Spiritualität ganz allgemein und setzt sich mit der Medialität in ihr auseinander. Indem sie sich darauf einlässt, noch einmal etwas Neues zu lernen, steuert sie in Richtung Erfolg. Das verrät uns der Transit Jupiter – Saturn, der dieses Vorhaben unterstützt und zur Erfüllung führt.

Auch der dritte Transit, Jupiter – Uranus, bestätigt einen lang anhaltenden Erfolg. Das heißt, die Fragestellerin hat ihren Weg gefunden und kann nun auch den Beruf wechseln und endlich zu ihrer Passion finden. Wichtig bei diesem Umbruch ist, dass sie sich nicht verändert, weil sie glaubt, sie könne in einem anderen Beruf mehr Geld verdienen. Diese

Veränderungen müssen aus der Seele heraus geboren werden, ohne finanziellen Hintergrund. Dann werden sie von Erfolg gekrönt sein. Letzteres übrigens sagen uns nicht die Karten, sondern das weiß man aus Erfahrung.

Beispiel 2

1. Schritt: Herauslegen

Wir nehmen die einzelnen Karten heraus und notieren uns die Einzelbedeutungen. DIE DAME wird nicht benötigt, da es sich bei diesem Kartenbild um eine weibliche Ratsuchende handelt, somit interessieren uns lediglich die Karten, die um die fragende Person herum angeordnet sind.

DIE EULEN	–	Venus
DIE STÖRCHE	–	Wassermann
DER RING	–	8. Haus
DER BÄR	–	Widder
DER REITER	–	3. Haus
DER KLEE	–	Jupiter
DIE LILIE	–	5. Haus
DAS KREUZ	–	10. Haus

2. Schritt: Übersicht

Wir teilen die Karten in Tierkreiszeichen, Häuser und Planeten ein.

Tierkreiszeichen:	Wassermann und Widder
Häuser:	3., 5., 8. und 10. Haus
Planeten:	Jupiter und Venus

3. Schritt: Analyse der Tierkreiszeichen

Die Fragestellerin besitzt also Wassermann- und Widdereinflüsse. Es ist sehr wahrscheinlich, dass sie weiß, was sie will.

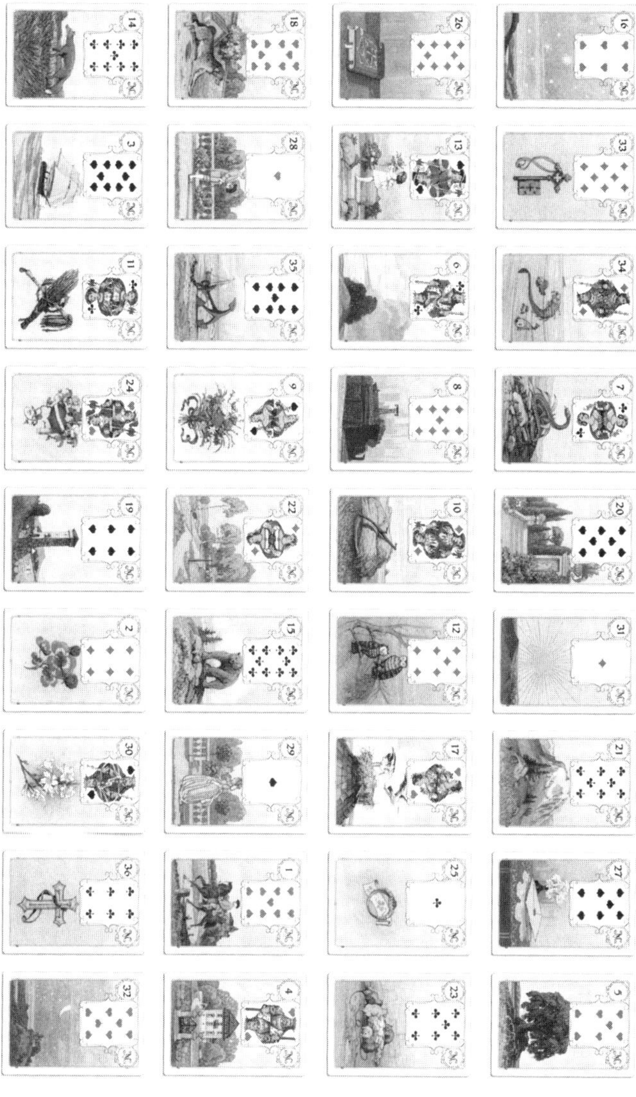

Der Widder will sich und seine Vorhaben durchsetzen, und zwar mit Macht; der Wassermann verleiht ihm dazu die taktischen beziehungsweise kreativen Fähigkeiten. Stillstand und Langeweile sind für diese Dame unerträglich, ebenso ein Arbeitsplatz mit zu viel Routine oder ein Partner, der ein Stubenhocker ist. Niemand ist so veränderlich wie der Wassermann, das Chamäleon unter den Tierkreiszeichen und das gilt für alle Lebensbereiche. Er ist geradezu prädestiniert, stets gegen den Strom anzuschwimmen und hat auch immer wieder Partner mit deutlichem Altersunterschied.

4. Schritt: Deutung der Häuser

Es müssen nicht immer gleich umwälzende Veränderungen anstehen, aber wir wollen trotzdem wissen, wo etwas passiert. Wir haben uns unter Schritt 2 das 3., 5., 8. und 10. Haus notiert. Lassen Sie uns kurz rekapitulieren, wofür diese Häuser stehen:

Das 3. Haus steht für die Darstellung einer Person nach außen. Die Person unterhält sich gern, ist gesellig, betreibt Handel oder ist im kommunikativen beziehungsweise Medienbereich tätig. Damit sie auch von ihrem Umfeld akzeptiert wird, muss sie entsprechend auftreten, Sprache und Kleidung sind deshalb ganz wichtige Aspekte, ebenso, dass die Figur durch Training fit gehalten wird.

Im 5. Haus lässt man es sich gut gehen – und zwar mit allem, was das Leben so hergibt: rauschende Partys, Wellness-Hotels, Urlaub, ein flottes Auto, Luxus aller Art. Hier wird nicht auf den Euro geschaut, das Geld unter die Leute gebracht und das ohne Reue. Im 5. Haus braucht man den möglichst perfekten Auftritt. Man prahlt gern; Freunde und Kollegen werden mit Einladungen und aufwendigen Geschenken verwöhnt, wofür man im Gegenzug nichts gegen ein wenig Applaus einzuwenden hat.

Haus 3 und 5 erzählen vom Status. Das 8. Haus steht für Geist und Intellekt. Hier werden Vorstellungen entwickelt und Pläne realisiert. Gleichzeitig besteht ein tiefes Bedürfnis, den Dingen auf den Grund zu gehen; Alltägliches wird verarbeitet. Die Psychologie gehört ebenso zum 8. Haus wie die Magie und das Okkulte, daneben hat es auch erotischen Charakter. Beziehungen, seien sie privater oder geschäftlicher Natur, werden exzessiv ausgelebt und schwer losgelassen, selbst wenn sie längst nicht mehr funktionieren.

Im 10. Haus kommen wir zur Berufung, unserer Bestimmung. Dieser Lebensbereich wird häufig als eingeschränkt oder einschränkend empfunden, nämlich dann, wenn wir unserer Berufung fern sind und uns in eine Richtung entwickeln, die uns gar nicht entspricht. Im Haus der Berufung und des Schicksals geht es auch darum, zu lernen und sich auf kommende Projekte vorzubereiten, hier geht man sozusagen ohne Lohn in Vorleistung. Doch Leistung und harte Arbeit zahlen sich hier aus, die Belohnung wird nicht ausbleiben. Es ist wichtig zu akzeptieren, dass man nicht vorwärtskommt, wenn die nötige Arbeit nicht geleistet wird.

Das 10. Haus bedeutet auch noch Einschränkungen anderer Art, nämlich vonseiten des Staats, von Behörden und Systemen, Gesetzen und Normen.

5. Schritt: Deutung der Planeten

Jupiter und Venus zeigen sich in diesem Kartenbild in direkter Nachbarschaft der Personenkarte. Jupiter ist ein Glücksplanet, er steht für Erfolg und alles, was damit zusammenhängt. Mit der Venus haben wir uns schon intensiv auseinandergesetzt: Sie steht für Kontakte, Bindungen, Gemeinschaft und Publikum.

Transit:
Jupiter – Venus: Erfolg mit und in der Gemeinschaft, aber auch Geschäftsabschluss

6. Schritt: Gesamtdeutung

Versuchen wir, die Puzzle-Teile zusammenzusetzen: Eine Frau, die weiß, was sie will (Widder), künstlerisch und kreativ veranlagt ist (Wassermann), wird in absehbarer Zeit einen glücklichen Abschluss machen, zum Beispiel einen Vertrag unterzeichnen (Jupiter – Venus). Und um welchen Lebensbereich geht es? Dazu hatten wir verschiedene Häuser erörtert: Darstellung, Bühne, Kommunikation (3. Haus); Erleben und Genießen (5. Haus); Vorstellungen und Pläne, selbst Bindungen eingehen (8. Haus); Berufung, Einschränkung, lernen, Zeit der Vorbereitung (10. Haus). Tatsächlich schwebt der Fragestellerin eine Veränderung Richtung Showbusiness vor: Sie will den Beruf der Schauspielerin ergreifen. Alle vier Häuser im Kartenbild bestätigen dieses Vorhaben. Sie wird im Rampenlicht stehen (3. Haus), Erfolg haben und im Mittelpunkt stehen (5. Haus). Auch wird sie einen gewissen Wohlstand erlangen, denn das Haus des Erlebens repräsentiert den Luxus. Sie wird ihre Pläne verwirklichen können (8. Haus), denn sie entsprechen ihrer Berufung (10. Haus). Allerdings hat sie noch einiges dazuzulernen, zum Beispiel indem sie eine Schauspielschule besucht, bevor sie in den Genuss von Ruhm, Ehre und Anerkennung kommt.

So, nun hoffe ich, dass ich Ihnen die Astrologie ein wenig näher bringen konnte und Sie diese neue Möglichkeit der Deutung mit Spaß und Erfolg ausprobieren.

Transite, die Sie sich merken sollten

Jupiter – Sonne:	man kommt bei seinen Mitmenschen gut an
Jupiter – Mond:	dito
Jupiter – Merkur:	Erfolg im kommunikativen Bereich
Jupiter – Venus:	Vertragsabschluss, Abmachung, Verabredung
Jupiter – Mars:	ein positives Zeichen bei sportlichen Vorhaben
Jupiter – Saturn:	das nennt man die »Königskonstellation«, man könnte auch sagen »geglückter Vorstoß«; wenn Sie etwas erreichen wollen, dann mit diesem Transit!
Jupiter – Uranus:	dauerhafter Erfolg
Jupiter – Neptun:	eventuell Expansion über den spirituellen/esoterischen Bereich
Jupiter – Pluto:	Erfolg mit Plänen und Projekten
Jupiter – Chiron:	das sieht nach Geld aus!

Saturn – Sonne:	man fühlt sich ungeliebt
Saturn – Mond:	dito
Saturn – Merkur:	keine Kommunikation – man ist nicht im Gespräch
Saturn – Venus:	kein Geld, kein Vertrag, keine Begegnungen
Saturn – Mars:	Nichtgelingen
Saturn – Uranus:	Trennung, Unvereinbarkeit
Saturn – Neptun:	man kommt nicht zu seinem Recht
Saturn – Pluto:	Pläne setzen sich nicht durch
Saturn – Chiron:	hohe Ausgaben, wenig Einnahmen

Sonne – Venus:	man kommt beim anderen Geschlecht gut an
Sonne – Uranus:	Vorsicht: Betrug!
Mond – Pluto:	hoher Erotikfaktor

ANHANG

Kombinationen

Die folgenden Bedeutungen von Karten-Kombinationen haben sich im Laufe meiner langjährigen Praxis herauskristallisiert. Dennoch sollen sie nur als Anhaltspunkte dienen und können sicher nicht immer eins zu eins übernommen werden. Sie werden durch eigene Erfahrung bald feststellen, dass den Interpretationsmöglichkeiten im Grunde keine Grenzen gesetzt sind und alles eine Frage der Fantasie und Kreativität ist. Womöglich werden die Karten ganz andere Bilder in Ihnen beschwören, sodass sie zu ihren eigenen Schlussfolgerungen kommen. Doch bis Sie sich einigermaßen sicher fühlen und Ihren Assoziationen freien Lauf lassen, mögen Ihnen die folgenden Kombinationslisten als Stütze für den Einstieg dienen.

Die »Hauptkarte«, welche besprochen wird, liegt immer links – zumindest sollten Sie sich das so vorstellen. Rechts davon liegt dann die Kombinationskarte. Das ist wichtig, da bei den Karten DIE WOLKEN und DIE SENSE, welche doppeldeutig sind, und manchmal auch bei den MÄUSEN die Kombination sonst eine andere Aussage erhält. Das ist bei den Erläuterungen bereits berücksichtigt und mit einem speziellen Hinweis bei den entsprechenden Karten vermerkt. Ansonsten haben die Kombinationen immer die gleiche Bedeutung, egal, ob die Karten nebeneinander, untereinander oder diagonal zueinander liegen. Ein paar wenige weitere Ausnahmen sind jeweils an entsprechender Stelle vermerkt.

Bei mehreren möglichen Bedeutungen für ein und dieselbe Karten-Kombination müssen Sie Ihre persönliche Situation überprüfen beziehungsweise, wenn Sie die Karten für jemand anderen legen, nach den aktuellen Umständen fragen, um eine eindeutige Prognose abgeben zu können.

Im Folgenden werden ausschließlich Zweierkombinationen berücksichtigt, denn diese beinhalten schon sämtliche Aussagen. Nach Bedarf können Sie natürlich mehrere »Pärchen« wiederum untereinander kombinieren, um eine weiter führende Aussage zu erhalten. Eine einzige klassische Dreierkombination möchte ich Ihnen dennoch nennen: RUTE – BÄR – TURM. Wenn diese drei auf irgendeine Art aneinander grenzen, handelt es sich immer um eine Gerichtsverhandlung.

Schließlich gibt es noch eine Besonderheit bei den Personenkarten, DER HERR und DIE DAME. Hier sind die Charaktereigenschaften und Wesenszüge dargestellt, welche durch direkt angrenzende Karten angezeigt werden.

Des Weiteren wird DER ANKER als Berufskarte zusätzlich erörtert, sodass Sie in der Lage sind, einer Rat suchenden Person ihr berufliches Umfeld zu beschreiben und sogar deren Beruf zu ermitteln.

1 **DER REITER** – Nachricht, junger Mann, Transportmittel, Sport

2 DER KLEE: positive Nachricht, die glücklich macht
3 DAS SCHIFF: Nachricht von weit her; geschäftliche Nachricht/Zusage; Informationen über eine Reise
4 DAS HAUS: Nachricht kommt ins Haus; junger Mann kommt ins Haus
5 DER BAUM: Nachricht über Krankheit; junger Mann ist krank; junger Mann aus dem medizinischen Bereich; Auto ist kaputt
6 DIE WOLKEN: Botschaft beseitigt Unklarheiten
7 DIE SCHLANGE: Telefonat mit – meist älterer – Frau, Mutter, Freundin usw.; einen Umweg fahren; auf Um- oder Abwegen sein
8 DER SARG: Absage; Schreckensbotschaft/Schock; Nachricht über Krankheit
9 DIE BLUMEN: Einladung/Geschenk; Nachricht von einer netten Frau

10 Die Sense: schnelle/plötzliche/unverhoffte Nachricht (bitte umliegende Karten beachten!)
11 Die Rute: Nachricht bringt Ärger; Nachricht über Trennung; zwei Nachrichten; tanzen; Diskussionen
12 Die Eulen: viele Nachrichten; schwierige Gespräche; Nachricht bereitet Sorge; zwei junge Männer/zwei Jungs
13 Das Kind: Kind ist ein Junge; Nachricht über Neuanfang; überraschende, unverhoffte Nachricht; Wunscherfüllung; junge Dame nimmt Kontakt auf; Kind ruft an
14 Der Fuchs: unwahre/falsche Nachricht
15 Der Bär: Geld kommt aufs Konto; Nachricht von offizieller Person (Anwalt, Schulleiter, Steuerberater, Makler usw.); Anruf von älterer Person
16 Die Sterne: Idee; Eingebung; Neuanfang
17 Die Störche: Nachricht über Umzug/Reise/Geburt oder sonstige Veränderung; Botschaft aus dem Ausland
18 Der Hund: Telefonat mit einem Freund
19 Der Turm: Nachricht von Behörde/Amt
20 Der Park: zu einer Gesellschaft/Veranstaltung gehen
21 Der Berg: Nachricht ist noch blockiert; negative Nachricht
22 Die Wege: Entscheidung muss getroffen werden, mehrere Alternativen sind möglich
23 Die Mäuse: verlorene/negative Nachricht; Auto ist defekt; Sport fällt aus; junger Mann ist krank/Kummer nagt an ihm; Pferd ist krank/nicht in Ordnung
24 Das Herz: Liebesnachrichten; Liebeserklärung; Flirt; junger Mann ist verliebt; Frau ist in jungen Mann verliebt
25 Der Ring: Heiratsantrag; Vertrag (geschäftlich)
26 Das Buch: geheime Korrespondenz; Dokumente kommen ins Haus/Geschäft; Fahrt/Reise zum Studium/zur Ausbildung
27 Der Brief: Dokumente; Papiere; Nachrichten; Telefonate
28 Der Herr: sportlich; beweglich; aktiv
29 Die Dame: dito
30 Die Lilie: Nachricht/Zusage eines Förderers/Gönners/Entdeckers; Nachricht von einem Mann, mit dem man

eine Affäre hat; Nachricht von/Telefonat mit zukünftigem Partner

31 Die Sonne: Erfolgsnachricht
32 Der Mond: dito
33 Der Schlüssel: Nachricht kommt mit Sicherheit; Nachricht/Information über Neuanfang/gutes Gelingen
34 Die Fische: Geld kommt ins Haus/aufs Konto; Nachricht von Bruder oder Geschäftsmann
35 Der Anker: positive Botschaft, die Arbeit betreffend (evtl. Vertrag); Geschäftsreise
36 Das Kreuz: schicksalhafte Nachricht

2 **Der Klee** – Glückskarte, schnelles Glück, Hoffnung

1 Der Reiter: positive Nachricht, die glücklich macht
3 Das Schiff: glückliche Reise; glückliches/freudiges Treffen; Ausflug
4 Das Haus: Glück im Haus
5 Der Baum: guter Ausgang einer Krankheit
6 Die Wolken: berechtigte Hoffnung
7 Die Schlange: glückliche Frau; Frau bringt Glück und Hoffnung
8 Der Sarg: kein Glück
9 Die Blumen: Einladung/Geschenk, das Freude macht
10 Die Sense: plötzlicher Glücksfall
11 Die Rute: heitere Gespräche
12 Die Eulen: Anruf, der glücklich macht
13 Das Kind: glückliches/zufriedenes Kind/junge Dame; glücklicher Neuanfang
14 Der Fuchs: trügerisches Glück
15 Der Bär: Glück im Spiel
16 Die Sterne: glückliche Eingebung; glücklicher Neuanfang; Erfolg
17 Die Störche: Veränderung bringt Glück und Erfolg

18 Der Hund: Freundschaft; die glücklich macht; Hilfsbereitschaft
19 Der Turm: Glück bei behördlichen Angelegenheiten
20 Der Park: Glück und Hoffnung in einer Gesellschaft/Gruppe; Spaß haben
21 Der Berg: (gedankliche) Blockade; Glück und Hoffnung fehlen zurzeit
22 Die Wege: Entscheidung, die glücklich macht/Glück bringt
23 Die Mäuse: Ende einer Glücksphase/kein Glück
24 Das Herz: Glück in Herzensangelegenheiten
25 Der Ring: glückliche Verbindung; Vertrag bringt Glück
26 Das Buch: Studium bereitet Freude; bringt Glück und Erfolg
27 Der Brief: Botschaft, die glücklich macht; Glücksnachricht
28 Der Herr: glücklicher Mann; gut gelaunt; positiv; optimistisch
29 Die Dame: glückliche Frau; gut gelaunt; positiv; optimistisch
30 Die Lilie: gute Sexualität; Geschäftsmann bringt Erfolg
31 Die Sonne: viel Glück, Erfolg und Energie
32 Der Mond: Anerkennung im Beruf, speziell auf künstlerischem Gebiet
33 Der Schlüssel: Glück, immer wieder Glück; sicheres Gelingen
34 Die Fische: Glück in Geldangelegenheiten; Geschäftsmann, der Glück bringt
35 Der Anker: Arbeit, die Spaß macht
36 Das Kreuz: Prüfung mit positivem Ausgang

3 Das Schiff – Reise, Geschäfte, Selbstständigkeit, Erbschaft, Lkw

1 Der Reiter: Nachricht von weit her; geschäftliche Nachricht/Zusage; Informationen über eine Reise

2 Der Klee: glückliche Reise glückliches/freudiges Treffen; Ausflug
4 Das Haus: Reise zurück nach Hause; Immobiliengeschäfte
5 Der Baum: lange Reise, auch sinnbildlich: man braucht lange, bis …
6 Die Wolken: Flugreise; Unklarheiten in Bezug auf eine Reise werden beseitigt; Reise zu/mit einem älteren Herrn
7 Die Schlange: Reise mit Umwegen; Reise zu/mit einer (älteren) Dame/Freundin
8 Der Sarg: Erbschaft/Erbschaftsangelegenheiten; Reise findet nicht statt/wird plötzlich unterbrochen; Schreck/Schock auf einer Reise
9 Die Blumen: fröhliche Reise zu/mit netten Leuten; Geschäft mit schönen Dingen: Kosmetik, Inneneinrichtung, Hairstyling, Blumen, Töpferei etc., Kreativität
10 Die Sense: schnelle oder plötzliche Reise; Reise findet statt
11 Die Rute: Ärger wegen einer Reise
12 Die Eulen: Informationen/Anruf bezüglich einer Reise
13 Das Kind: Neuanfang auf einer Reise; Neuanfang im geschäftlichen Bereich; Kind geht mit auf eine Reise; junge Dame ist auf einer Reise
14 Der Fuchs: Reise in Kürze; Betrug im geschäftlichen Bereich; Betrug/Hinterlist bei einer Erbschaftsangelegenheit
15 Der Bär: große/viele Geschäfte; Erfolg; viel Geld
16 Die Sterne: ein neues Geschäft eröffnen; eine Reise machen, um einen Neuanfang zu starten
17 Die Störche: Ausland; Reise ins Ausland; Reise über den Ozean; Reise bringt Veränderungen
18 Der Hund: Besuch eines Freundes
19 Der Turm: Geschäftsreise; Selbstständigkeit (ohne Zweifel!); Reise allein; »aussteigen«
20 Der Park: Reise zu einer Veranstaltung; »gehobene« Gesellschaft; Öffentlichkeitsarbeit
21 Der Berg: keine Reise; schlechte/blockierte Geschäfte; Geschäft kommt nicht zustande; Reise ins Gebirge

22 Die Wege: zwei Reisen; mehrere Reisewege; geschäftliche/berufliche Entscheidung

23 Die Mäuse: Reise, die negativ verläuft; Absage einer Reise; Verzögerung/Verspätung bei einer Reise; Handel kommt nicht zustande; Erbschaft kann nicht angetreten werden

24 Das Herz: Flitterwochen; Liebesreise

25 Der Ring: Clubreise; Geschäftsverbindung; Fusion

26 Das Buch: Studienreise; geheime Reise, eine Reise, von der man noch nichts weiß; Geschäftsreise

27 Der Brief: Information/Nachricht während/über eine/r Reise; Nachricht ist unterwegs

28 Der Herr: Mann geht auf Reisen; Geschäftsmann ist gern unterwegs

29 Die Dame: Frau geht auf Reisen; Geschäftsfrau ist gern unterwegs

30 Die Lilie: Sexabenteuer; Winter-/Skireise; Geschäftspartner; Reise zum/mit Geschäftsmann/Förderer

31 Die Sonne: geschäftlicher Erfolg; erfolgreicher Abschluss eines Geschäfts; Reise in den Süden

32 Der Mond: ruhmreiche, ehrenvolle Reise; Reise bringt Anerkennung/Erfolg/Ruhm; Reise bei Nacht; Geschäftsverbindung mit hochgestellten Persönlichkeiten

33 Der Schlüssel: Reise findet mit Sicherheit statt; gutes Gelingen einer Reise; Erfolg bei geschäftlichen Unternehmungen; Handwerksunternehmen

34 Die Fische: Geld kommt ins Haus/aufs Konto; Geschäftspartner; Geschäftsreise; Reise bringt Geld ein; Angeltour

35 Der Anker: Seereise; Kreuzfahrt; Seemann (in Verbindung mit Personenkarte); Reisebüro

36 Das Kreuz: schicksalhafte Reise; auf dieser Reise geschieht etwas Bedeutungsvolles; die Reise wird auf jeden Fall gemacht, denn sie ist Bestimmung

4 DAS HAUS – Wohnsitz, Heim, Immobilie(n), Familie, Heimat

1 DER REITER: Nachricht kommt ins Haus; junger Mann kommt ins Haus
2 DER KLEE: Glück im Haus
3 DAS SCHIFF: Heimreise; Immobiliengeschäfte
5 DER BAUM: altes Haus; Haus mit Baumbestand/am Wald; Sanierungs- und renovierungsbedürftiges Haus; etwas geht im oder am Haus kaputt
6 DIE WOLKEN: familiäre Angelegenheiten klären sich; Unklarheiten bezüglich eines Hauses oder einer Wohnung klären sich
7 DIE SCHLANGE: ein Haus auf Umwegen erreichen
8 DER SARG: Haus ist in desolatem Zustand; Schreck/Schock im Haus
9 DIE BLUMEN: Haus mit Garten; nette Hausbewohner; Geburtstagsparty; Fest; Einladung; Gesellschaft im Haus
10 DIE SENSE: Schaden am Haus wird behoben; finanzieller Engpass im Zusammenhang mit einem Haus wird überwunden
11 DIE RUTE: Hausfrieden wird gestört; Gespräche oder Verhandlungen im Haus/das Haus betreffend
12 DIE EULEN: Schwierigkeiten im Haus, die aber nur von kurzer Dauer sind
13 DAS KIND: neues Haus; Neubau; Familie mit Kindern; junge Dame kommt ins Haus
14 DER FUCHS: Betrug im familiären Bereich; Vorsicht beim Hauskauf!
15 DER BÄR: Vergrößerung des Besitzes; Hauskauf; Makler
16 DIE STERNE: Glück mit einem Haus; glückliches Haus, häusliches Glück
17 DIE STÖRCHE: Umzug; Umbau; Renovierung
18 DER HUND: freundliche Hausbewohner; freundlicher Nachbar
19 DER TURM: großes Haus; z. B. Firma, Betrieb

20 DER PARK: öffentliches Haus; Hotel; Haus mit Garten/ Park
21 DER BERG: kein Zugang zum Haus/kein Kauf; feindliches Haus; Feind im Haus oder in der Nähe des Hauses; böser Nachbar; das Haus ist eine Belastung; Hauskauf ist nicht möglich bzw. dauert noch
22 DIE WEGE: Entscheidung im/für ein Haus; zwei Wohnsitze
23 DIE MÄUSE: Haus wird verkauft; Verlust eines Hauses; Schäden am Haus
24 DAS HERZ: herzliches Haus; herzliche Stimmung im Haus; liebevolle Familie; Liebe kommt ins Haus
25 DER RING: Miet- oder Kaufvertrag für ein Haus/eine Wohnung
26 DAS BUCH: Haus, das man noch nicht kennt; Geheimnis schwebt über Haus/Familie; Familiengeheimnis
27 DER BRIEF: Nachricht/Information kommt ins Haus; stabiler und bodenständiger Mann
28 DER HERR: Mann lebt in einem Haus; Eigentümer
29 DIE DAME: Frau lebt in einem Haus; Eigentümerin
30 DIE LILIE: Familienbesuch; wichtiger Mann kommt ins Haus – meist wegen geschäftlicher Dinge
31 DIE SONNE: Glück und Erfolg kommen ins Haus
32 DER MOND: Erfolg/Ruhm/Ehre/Anerkennung im Haus; berühmtes Haus/Haus mit berühmten Leuten/bekannte Firma etc.
33 DER SCHLÜSSEL: man schließt ein neues Haus auf; gutes Gelingen/Neuanfang im Haus; Pläne gelingen
34 DIE FISCHE: Familie ist wirtschaftlich gut gestellt; Haus liegt am Wasser
35 DER ANKER: Beruf/Arbeit im Haus/von zu Hause aus; am Haus wird gearbeitet/es wird renoviert
36 DAS KREUZ: Haus/Wohnung ist Bestimmung

5 **Der Baum** – Krankheit, Medizin, langer Zeitraum, Wachstum, Reifeprozess

1 Der Reiter: Nachricht über Krankheit; junger Mann ist krank; junger Mann aus dem medizinischen Bereich; Auto muss repariert werden
2 Der Klee: guter Ausgang einer Krankheit
3 Das Schiff: lange Reise, auch sinnbildlich: man braucht lange, bis …
4 Das Haus: altes Haus; Haus mit Baumbestand/am Wald; sanierungs- oder renovierungsbedürftiges Haus; Schaden am oder im Haus
6 Die Wolken: älterer Mann ist krank; Unklarheiten bezüglich einer Krankheit/Medizin/Heilmethode lösen sich auf
7 Die Schlange: Frau (Mutter, Schwester, Tochter) ist krank; Apothekerin; Ärztin; Krankenschwester
8 Der Sarg: heftige Krankheit; längere Krankheit
9 Die Blumen: viel »Grün«; freie Natur; eine gute Frau ist krank; Homöopathie, homöopathische Mittel
10 Die Sense: eine Operation ist nicht notwendig; Krankheit zieht ab
11 Die Rute: lang andauernder Streit
12 Die Eulen: Wald
13 Das Kind: krankes Kind; jüngere Dame ist krank/kommt aus dem medizinischen Bereich
14 Der Fuchs: falsche Krankheit; blaumachen
15 Der Bär: etablierter Unternehmer; Geizhals; engstirnige Person
16 Die Sterne: in der Nacht im Freien
17 Die Störche: es vergeht noch ein längerer Zeitraum, bis eine Veränderung eintritt
18 Der Hund: Hund ist krank; Mann/alter Freund ist krank oder kommt aus dem medizinischen Bereich
19 Der Turm: Gesundheitsamt
20 Der Park: Krankenhaus; Therapie; Kur

21 Der Berg: krank durch Blockaden
22 Die Wege: Lebensentscheidung
23 Die Mäuse: Krankheit verbessert sich; Pflanzen gedeihen nicht
24 Das Herz: Herzkrankheit; Liebeskummer
25 Der Ring: Partnerschaft fürs Leben; chronische Krankheit
26 Das Buch: dieses Geheimnis wird nicht gelüftet
27 Der Brief: medizinisches Rezept; Krankschreibung
28 Der Herr: Mann ist krank, Mann arbeitet im medizinischen Bereich
29 Die Dame: Frau ist krank; Frau arbeitet im medizinischen Bereich
30 Die Lilie: krank im sexuellen Bereich
31 Die Sonne: Vitalität
32 Der Mond: Depression
33 Der Schlüssel: guter Ausgang einer Krankheit
34 Die Fische: Geld/Finanzen vermehren sich
35 Der Anker: Beruf im medizinischen Bereich
36 Das Kreuz: schicksalhafte Krankheit; Rückenschmerzen

6 **Die Wolken** – Hindernisse, Rückschläge, älterer Herr, meist niederträchtig, Exmann

Die Karte 6 Die Wolken weist links eine helle, rechts eine dunkle Seite auf. Die dunklere hat einen negativen, die helle einen positiven Aspekt. Je nachdem, welche Seite zu einer Personen- oder Sachkarte zeigt, wird eine Verschlechterung oder Verbesserung angezeigt. Doch welche Bedeutung haben die Wolken, wenn Sie nicht neben, sondern ober-, unterhalb oder diagonal zu einer Personen- oder Sachkarte liegt? Direkt oberhalb zeigen die Wolken, dass die Dinge sich nicht wie gewünscht klären lassen und eine Alternative gesucht werden sollte; unterhalb werden sämtliche Hindernisse aus eigener Kraft oder durch große Anstrengung gemeistert; diagonal sind DIE WOLKEN genauso zu deuten, wie wenn sie neben einer Karte liegen.

1 DER REITER: Botschaft ist unklar; Nachricht von einem Mann, vor dem man sich in Acht nehmen muss; Nachricht bringt Ärger/Unheil/Absage
2 DER KLEE: Glück ist getrübt; Enttäuschung
3 DAS SCHIFF: Reise; Unklarheiten bezüglich/bei einer Reise; Reise zu/mit einem älteren Herrn
4 DAS HAUS: ungemütliches, dunkles Haus; Unklarheiten in Bezug auf ein Haus
5 DER BAUM: älterer Mann ist krank; Ungewissheit bezüglich einer Krankheit
7 DIE SCHLANGE: älteres (böses oder unsympathisches) Paar; Rückschlag für eine Frau
8 DER SARG: »da liegt was in der Luft«; ein (emotionales) Gewitter zieht auf
9 DIE BLUMEN: eine Einladung ist unklar, kommt nicht; schlechte Gesellschaft
10 DIE SENSE: dicke Luft; Hektik
11 DIE RUTE: Streit mit einem Mann; ein Mann ist verärgert; manchmal: Richter
12 DIE EULEN: Anruf, über den man sich ärgert
13 DAS KIND: Neubeginn gelingt nicht auf Anhieb; Kind mit Problemen; Schwangerschaftsabbruch; Konflikt für eine junge Dame
14 DER FUCHS: gefährlicher Intrigant
15 DER BÄR: gefährlicher, mächtiger Gegner; Stress mit dem Chef oder einer offiziellen Person; inkompetenter Anwalt/Steuerberater/Makler
16 DIE STERNE: Suchtmittel; Alkoholmissbrauch
17 DIE STÖRCHE: aus Schaden klug werden; ein Mann zieht fort; ein Mann verändert sich zum Positiven
18 DER HUND: Vetternwirtschaft; Ärger für/mit Freund oder Kollege
19 DER TURM: Ärger mit Behörden und Ämtern

20 DER PARK: undurchsichtige Gesellschaft; negatives Erlebnis in der Öffentlichkeit
21 DER BERG: absolutes Nichtgelingen; negative Phase hält noch an
22 DIE WEGE: Vorsicht vor einer falschen Entscheidung!
23 DIE MÄUSE: alles klärt sich auf
24 DAS HERZ: Liebeskummer
25 DER RING: Vertrag/Bindung steht unter einem schlechten Stern
26 DAS BUCH: Heimlichkeiten verursachen Unruhe
27 DER BRIEF: Absage; Rückschlag
28 DER HERR: Mann fühlt sich nicht wohl; zwei Männer (Vater und Sohn)
29 DIE DAME: Dame fühlt sich nicht wohl; manchmal: die Dame hat Kopfschmerzen
30 DIE LILIE: undurchsichtiger Lebensgefährte; Schwierigkeiten durch eine Affäre; Kummer mit/in der Familie; Sexualleben nicht zufriedenstellend
31 DIE SONNE: den Optimismus nicht verlieren
32 DER MOND: Depression; kein Erfolg
33 DER SCHLÜSSEL: Erfolg lässt noch auf sich warten
34 DIE FISCHE: auf Finanzen achten; Schulden; »rote Zahlen«
35 DER ANKER: getrübtes Arbeitsklima
36 DAS KREUZ: schicksalhafter, unvermeidbarer Rückschlag

7 DIE SCHLANGE – ältere Frau, Freundin, Mutter, Tochter, Rivalin, Geschäftsfrau, Umweg

1 DER REITER: Telefonat mit (meist) älterer Frau, Mutter, Freundin usw.
2 DER KLEE: glückliche Frau; Frau bringt Glück und Hoffnung
3 DAS SCHIFF: Reise mit Umwegen; Reise zu/mit einer (älteren) Dame/Freundin
4 DAS HAUS: Haus auf Umwegen erreichen

5 Der Baum: Frau (Mutter, Schwester, Tochter) ist krank; Frau aus dem medizinischen Bereich
6 Die Wolken: älteres (böses oder unsympathisches) Paar; Negatives für eine Frau; Frau wendet sich ab
8 Der Sarg: Ärztin; kranke Frau; Rentnerin; Schreck für eine Frau
9 Die Blumen: zwei Freundinnen; Mutter und Tochter; diese Frau treffen Sie bei einer Gesellschaft; Einladung für/von eine/r Frau
10 Die Sense: Frau kann sich erholen; Angriff von einer Frau
11 Die Rute: redegewandte oder streitbare Frau; Frau erlebt Trennung oder Streit
12 Die Eulen: Telefonat mit einer Frau; Frau ist nervös und hektisch oder hat Sorgen
13 Das Kind: Frau mit Kind; Neuanfang mit einer Frau; eine ältere und eine jüngere Dame
14 Der Fuchs: Rivalin; Intrigantin; Lügnerin
15 Der Bär: Geschäftsfrau; Frau weiß sich durchzusetzen; ein Paar
16 Die Sterne: esoterisch/spirituell interessierte Frau; Neuanfang mit einer Frau – privat und/oder geschäftlich
17 Die Störche: umständlicher Umzug oder Umzug auf Umwegen; Frau sorgt für Veränderung; Frau zieht weg
18 Der Hund: freundliche Frau; Frau mit Hund; Mann und Frau oder Paar
19 Der Turm: Beamtin; Geschäftsfrau; selbstständige Frau
20 Der Park: Frau steht in der Öffentlichkeit
21 Der Berg: Blockaden/Hindernisse für eine Frau
22 Die Wege: Entscheidung auf Umwegen; sich nicht entscheiden können
23 Die Mäuse: Frau verliert etwas; Frau wird/ist krank
24 Das Herz: Geliebte; Rivalin; Exfreundin
25 Der Ring: gebundene Frau
26 Das Buch: heimliche Geliebte; Frau hat etwas zu verbergen, hat ein Geheimnis; belesene/studierte Frau

27 Der Brief: Nachricht von einer Frau; Gespräch mit einer Frau
28 Der Herr: Mann mit Mutter/Geliebter
29 Die Dame: Frau mit Mutter/Freundin
30 Die Lilie: Frau und ihr Geliebter; sexuelles Verhältnis
31 Die Sonne: glückliche Frau; Frau bringt Glück
32 Der Mond: Frau ist berühmt/bekannt; Frau ist unsicher
33 Der Schlüssel: Glück; Sicherheit; Neuanfang für eine Frau
34 Die Fische: Frau hat/bekommt Geld
35 Der Anker: Kollegin
36 Das Kreuz: schicksalhafte Begegnung mit einer Frau; Prüfung für eine Frau; das Schicksal schlägt zu bei einer Frau

8 **Der Sarg** – Transformation, Ende und Neuanfang, Bruch, Krankheit

1 Der Reiter: Absage; Schreckensbotschaft/Schock; Nachricht über Krankheit
2 Der Klee: kein Glück
3 Das Schiff: Erbschaft/Erbschaftsangelegenheiten; Reise findet nicht statt/wird plötzlich unterbrochen; Schreck/Schock auf einer Reise; Stillstand für Unternehmung oder Unternehmen
4 Das Haus: Haus ist in desolatem Zustand; Schreck/Schock im Haus
5 Der Baum: heftige Krankheit; längere Krankheit
6 Die Wolken: »da liegt was in der Luft«, ein (emotionales) Gewitter zieht auf
7 Die Schlange: Ärztin; kranke Frau; Rentnerin; Schreck für eine Frau
9 Die Blumen: Einladung wird abgesagt; schlechter Geschmack; unangenehmes Ereignis
10 Die Sense: kurze, schnelle Krankheit; Besserung nach Operation

11 DIE RUTE: heftiger Streit, kann zum Bruch führen
12 DIE EULEN: Gespräche, die nichts bringen; schlechte Nachricht/Schreck/Schock
13 DAS KIND: Kind ist krank; verstorbenes Kind oder junge Frau; Abtreibung
14 DER FUCHS: das Ende einer Intrige
15 DER BÄR: kranke/r Großvater/Großmutter; negative Behördenangelegenheit; Negatives durch »offizielle« Person
16 DIE STERNE: nach Krise erfolgreicher Neuanfang
17 DIE STÖRCHE: Veränderung ist negativ; keine Veränderung
18 DER HUND: man kann zurzeit nicht auf Freunde zählen; ein Freund/Kollege etc. ist krank
19 DER TURM: Angelegenheit mit Behörde oder Amt misslingt
20 DER PARK: Schreck bei einer Veranstaltung; Veranstaltung fällt aus; Klinik
21 DER BERG: »Nichts geht mehr«
22 DIE WEGE: der Weg endet hier
23 DIE MÄUSE: man wird von allen Sorgen befreit
24 DAS HERZ: Liebeskummer ist nur von kurzer Dauer
25 DER RING: Ende einer Beziehung; Kündigung; ein Vertrag wird gelöst
26 DAS BUCH: Schreck/Schock wegen Dokument/Brief; schockierendes Geheimnis; kein/e Umschulung/Weiterbildung/Studium; Prüfung wird nicht bestanden
27 DER BRIEF: Absage; Kündigung; negative Nachricht
28 DER HERR: Schreck/Schock für einen Mann; Mann wird/ist krank
29 DIE DAME: siehe Herr
30 DIE LILIE: kein Sexualleben; Geschlechtskrankheit (auch Prostata)
31 DIE SONNE: Erfolg kommt nach Anstrengung wieder
32 DER MOND: psychisch krank
33 DER SCHLÜSSEL: bald wird es wieder besser; mit Sicherheit passiert ein Unglück, jedoch nichts Dramatisches

34 DIE FISCHE: finanzieller Verlust; Geldsorgen
35 DER ANKER: Arbeitslosigkeit; Kündigung droht
36 DAS KREUZ: etwas stirbt (in Ihnen)

9 **DIE BLUMEN** – Einladung, Geschenk, Gesellschaft, nette Frau, Kreativität

1 DER REITER: Einladung/Geschenk; Nachricht von einer netten Frau; Einladung zum Vorstellungsgespräch
2 DER KLEE: Einladung/Geschenk, über die/das man sich freut
3 DAS SCHIFF: fröhliche Reise zu/mit netten Leuten; Geschäft mit schönen Dingen, z. B. Kosmetikladen, Friseur, Geschäft für Inneneinrichtung oder Blumenladen
4 DAS HAUS: Haus mit Garten; nette Hausbewohner; Einladung; Geburtstagsparty/Fest/Gesellschaft im Haus
5 DER BAUM: viel »Grün«; freie Natur; eine gute Frau ist krank; Homöopathie, homöopathische Mittel
6 DIE WOLKEN: eine Einladung ist noch unklar, wird aber ausgesprochen/stattfinden
7 DIE SCHLANGE: zwei Freundinnen, Mutter und Tochter, diese Frau treffen Sie bei einer Gesellschaft; Einladung für/von eine/r Frau
8 DER SARG: Einladung wird abgesagt
10 DIE SENSE: unerwartete Freude; Überraschung
11 DIE RUTE: heitere Gespräche (»Schnapslaune«); Situationskomik; Vorstellungsgespräch
12 DIE EULEN: zwei Einladungen; telefonische Einladung
13 DAS KIND: Kinderparty; überraschende Einladung; Geschenk für Kind/junge Dame; kleine Gesellschaft
14 DER FUCHS: Einladung aus Berechnung; falsche Freundlichkeit
15 DER BÄR: freundlicher Chef
16 DIE STERNE: gesellschaftlicher Erfolg

17 DIE STÖRCHE: man möchte »schöner wohnen« und verwirklicht das auch: die Wohnung/das Haus wird neu gestaltet/verschönert, man zieht in ein schöneres/größeres Haus etc.
18 DER HUND: freundliche Leute; nette Gesellschaft
19 DER TURM: selbstständig im kreativen Bereich
20 DER PARK: schöne Dinge verbinden sich mit Publikumsverkehr: Kosmetik-, Blumenladen, Friseur, Massagepraxis, Möbelgeschäft etc.; Ausstellung, Messe
21 DER BERG: mit Freundlichkeit nicht weiterkommen; Hautausschlag/Akne
22 DIE WEGE: Spaziergang in der Natur; Blumenwiese
23 DIE MÄUSE: Einladung wird abgesagt; schlechte Gesellschaft; Vorstellungsgespräch verlief/verläuft negativ oder fällt aus
24 DAS HERZ: romantische Liebe
25 DER RING: Verlobung; Heiratsantrag; Vertragsabschluss (im kreativen Bereich)
26 DAS BUCH: Blind date; Verabredung mit jemand Unbekanntem
27 DER BRIEF: Einladung; Geschenk
28 DER HERR: romantischer, liebenswürdiger Mann; galant; charmant
29 DIE DAME: romantische, liebreizende, bescheidene Dame
30 DIE LILIE: Tête-à-tête
31 DIE SONNE: Erfolg in allen (kreativen, künstlerischen) Dingen
32 DER MOND: Ruhm und Ehre im künstlerischen Bereich
33 DER SCHLÜSSEL: Erfolg wird mit Sieben-Meilen-Stiefeln erreicht
34 DIE FISCHE: auf einem Fest trifft man einen »Entdecker«/Mäzen; Geldgeschenk; Gutschein
35 DER ANKER: Arbeit mit schönen Dingen
36 DAS KREUZ: derzeitiges Glück und Zufriedenheit sind Bestimmung

10 Die Sense – Gefahr, Bruch, Schmerzen, plötzliches Ereignis, Aggression, Ernte und Erfolg

Bei der Sense sollten Sie darauf achten, wohin ihre Spitze zeigt, denn hier liegt in den meisten Fällen eine Gefährdung von Personen- oder Sachkarten vor, die allerdings relativ zu sehen und meist undramatisch ist. Die Seite mit dem Stiel zeigt an, dass die Gefahr vorüber oder gar nicht erst gegeben ist. Oberhalb einer Personen- oder Sachkarte kündigt Die Sense ebenfalls eine negative Angelegenheit an, die aber überwunden wird. Unterhalb einer Karte findet Die Sense lediglich einen Bezug zu rechts oder links, manchmal auch zu diagonal angrenzenden Karten. Die Sense hebt negative Karten auf, wenn diese links von ihr liegen. Die jeweilige Bedeutung kann man in der Regel leicht ableiten, selbst wenn die Relation nicht immer stimmig erscheint. Der Berg wird beispielsweise von der Sense »abgeschnitten«, das heißt, eine Blockade aufgelöst. Die Wolken verschwinden schneller, wenn links von ihnen Die Sense liegt und diese sinnbildlich abschneidet/vernichtet.

1 Der Reiter: Absage; schnelle Nachricht (negativ oder positiv)
2 Der Klee: kein Glück
3 Das Schiff: Reise findet nicht statt/wird abgesagt
4 Das Haus: Gefahr im Haus (relativ); das Haus zu behalten wird schwierig; manchmal: Zwangsversteigerung
5 Der Baum: Krankheit bessert sich; kurze Krankheit
6 Die Wolken: ein kurzes (emotionales) »Gewitter«; Hindernisse werden beiseitegeräumt
7 Die Schlange: Gefahr für eine Frau, vermutlich selbst verschuldet durch Intrige, Mobbing usw.; eine Operation steht an; Vorsicht vor Verletzungen/Krankheiten im Bereich von Kopf und/oder Zähnen
8 Der Sarg: kurze, schnelle Krankheit; nach einer Operation ist man schnell wieder fit
9 Die Blumen: freudiger Schreck oder Überraschung

11 Die Rute: Auseinandersetzung, verbal oder körperlich; Kampfsport: Fechten usw.
12 Die Eulen: aggressive Gespräche oder Diskussionen
13 Das Kind: Kind/junge Dame wird bedroht/hat Zahnschmerzen oder Schmerzen im Allgemeinen
14 Der Fuchs: Aggression durch Lügen/Intrigen/Mobbing
15 Der Bär: der Chef sitzt auf wackeligem Posten
16 Die Sterne: Verwirklichung wird nicht umgesetzt
17 Die Störche: keine Veränderung, kein Umzug
18 Der Hund: aggressiver Kollege, Hund/Haustier wird misshandelt/hat Schmerzen
19 Der Turm: Staatsanwaltschaft; Polizei
20 Der Park: üble Gesellschaft; man fühlt sich nicht wohl in Gesellschaft
21 Der Berg: Blockaden und Hindernisse verschwinden
22 Die Wege: schnelle Entscheidung; falsche Entscheidung birgt Gefahr; es gibt keine Alternative
23 Die Mäuse: Gefahr verschwindet
24 Das Herz: Eifersucht; Herzschmerz
25 Der Ring: Verbindung in Gefahr, Bruch droht
26 Das Buch: ein Geheimnis wird offenbar; Prüfung misslingt
27 Der Brief: schnelle Nachricht (SMS, E-Mail, Telefonat); negative Nachricht; Absage
28 Der Herr: Mann mit Zahnschmerzen; Mann könnte sich verletzen
29 Die Dame: Frau mit Zahn- oder Unterleibsschmerzen; Verletzungsgefahr
30 Die Lilie: aggressive, perverse Sexualpraktiken; spontaner Sex; kurze Leidenschaft
31 Die Sonne: Elektrizität/elektrische Spannungen
32 Der Mond: Gemütsschwankungen/instabiles Seelenleben; kein Erfolg
33 Der Schlüssel: mit Sicherheit schnell, plötzlich; Sicherheitsverlust
34 Die Fische: auf Finanzen achten, da Engpass droht

35 DER ANKER: Job ist in Gefahr; Aggressionen am Arbeitsplatz
36 DAS KREUZ: plötzliche/s Leid/Prüfung; Rückenschmerzen verschwinden

11 DIE RUTE – Streit, Trennung, Gespräche, Schreiben

1 DER REITER: Nachricht bringt Ärger; Nachricht über Trennung; zwei Nachrichten; tanzen; Diskussionen
2 DER KLEE: angenehme Gespräche
3 DAS SCHIFF: Ärger wegen einer Reise; Gespräche bezüglich einer Reise
4 DAS HAUS: Hausfrieden wird gestört; störende Kommunikation im Haus
5 DER BAUM: lang andauernder Streit
6 DIE WOLKEN: Streit mit einem Mann/Mann ist verärgert; klärende Gespräche; manchmal: Richter
7 DIE SCHLANGE: redegewandte oder streitbare Frau; es gibt eine Trennung von dieser Frau (wenn Personenkarten direkt angrenzen)
8 DER SARG: heftiger Streit, kann zum Bruch führen
9 DIE BLUMEN: heitere Gespräche (»Schnapslaune«); Situationskomik; Vorstellungsgespräch
10 DIE SENSE: Konflikt wird beigelegt
12 DIE EULEN: viele Gespräche/Nachrichten/Diskussionen, meist mit Hektik verbunden
13 DAS KIND: Neuanfang bringt Ärger; streitbare/s Kind/junge Dame
14 DER FUCHS: Streit durch Lüge; falsche Gespräche/Diskussion
15 DER BÄR: Anwalt; Streit/Diskussion mit einem Vorgesetzten
16 DIE STERNE: Musik
17 DIE STÖRCHE: Veränderung; Ideen durch Gespräche
18 DER HUND: Streit oder Diskussion mit einem Freund
19 DER TURM: Gerichtsprozess; Ärger mit Behörden

20 Der Park: Tanz und Gesang; eine Rede halten; Vorträge/Lesungen
21 Der Berg: Gespräche, die nichts bringen; kein Weiterkommen
22 Die Wege: verschiedene Richtungen; mehrere Entscheidungen
23 Die Mäuse: Ärger/Streit geht vorbei; keine Gespräche
24 Das Herz: Kummer in Herzensangelegenheiten; Zerrissenheit in der Liebe
25 Der Ring: Vertragsunterschrift; immer wiederkehrender Streit
26 Das Buch: Schriftstellerei; Tagebuch
27 Der Brief: Verträge und Unterschriften
28 Der Herr: Mann in Streitlaune
29 Die Dame: Frau in Streitlaune
30 Die Lilie: Gespräche mit dem Liebhaber oder einer männlichen Person; evtl. Richter; manchmal: Familiengespräche
31 Die Sonne: positive Gespräche
32 Der Mond: Gespräche bringen Erfolg
33 Der Schlüssel: Gespräche finden mit Sicherheit statt
34 Die Fische: Streit um Geld; man redet über Finanzen
35 Der Anker: beruflicher Ärger; berufliche Gespräche; Trennung von der Firma
36 Das Kreuz: Streit wird begraben

12 Die Eulen – Anruf, Schwierigkeiten von kurzer Dauer, Nervosität, zwei an der Zahl

1 Der Reiter: viele Nachrichten; schwierige Gespräche; Nachricht bereitet Sorgen; zwei junge Männer/zwei Jungs
2 Der Klee: Anruf, der glücklich macht
3 Das Schiff: Infos/Anruf bezüglich einer Reise

4 DAS HAUS: Schwierigkeiten im Haus, aber nur von kurzer Dauer
5 DER BAUM: Wald; Tierpark
6 DIE WOLKEN: Anruf, über den man sich ärgert; Anruf klärt Dinge auf
7 DIE SCHLANGE: Telefonat mit einer Frau
8 DER SARG: Gespräche, die nichts bringen; schlechte Nachricht/Schreck/Schock
9 DIE BLUMEN: zwei Einladungen; telefonische Einladung
10 DIE SENSE: im Verlauf des Gesprächs lassen die Aggressionen nach
11 DIE RUTE: viele Gespräche/Nachrichten/Diskussionen
13 DAS KIND: zwei Kinder/junge Damen
14 DER FUCHS: unwahre Nachricht
15 DER BÄR: Gespräch mit dem Chef/Unternehmer; Schwierigkeiten mit einem Vorgesetzten
16 DIE STERNE: Anruf kündigt Erfolg an
17 DIE STÖRCHE: Veränderung bringt Unruhe/Schwierigkeiten
18 DER HUND: viele Freunde; Freund ist nervös/hat Sorgen
19 DER TURM: Schwierigkeiten mit Behörden und Ämtern
20 DER PARK: Gespräche mit Publikumsverkehr: Kartenlegen, Lebensberatung, Callcenter usw.; Rede halten vor Publikum
21 DER BERG: Gespräche, die zu nichts führen; Telefonat wird nicht geführt; es wird nichts preisgegeben
22 DIE WEGE: über Entscheidungen sprechen/diskutieren; viele Wege führen zum Ziel
23 DIE MÄUSE: anonymer Anruf; kein Anruf; Gespräche kommen nicht an
24 DAS HERZ: Liebesgespräche; Schwierigkeiten in der Liebe, die aber nur von kurzer Dauer sind
25 DER RING: Verträge (mindestens zwei)
26 DAS BUCH: Verschwiegenheit; von einem Geheimnis flüstern
27 DER BRIEF: mehrere Nachrichten; Botschaft bereitet Sorge
28 DER HERR: Mann ist nervös, aber auch redegewandt
29 DIE DAME: Dame ist nervös, aber auch redegewandt

30 Die Lilie: vorübergehende Schwierigkeiten in der Sexualität
31 Die Sonne: heitere Gespräche; glückliche/erfolgreiche Gespräche/Anrufe
32 Der Mond: Ankündigung eines erfolgreichen Telefonats
33 Der Schlüssel: mit Sicherheit Meinungsaustausch
34 Die Fische: kurzfristige Schwierigkeiten im finanziellen Bereich; Geld kommt von zwei Seiten
35 Der Anker: Arbeitsgespräch; Nervosität am Arbeitsplatz; Schwierigkeiten im Beruf
36 Das Kreuz: schicksalhafter Anruf, meist positiv

13 Das Kind – Kind, junge Dame, Neuanfang, Überraschung, Wunscherfüllung, Naivität, Unreife, Rivalin

1 Der Reiter: Kind ist ein Junge; Nachricht über Neuanfang; überraschende, unverhoffte Nachricht; Wunscherfüllung; Nachricht von einer jungen Dame
2 Der Klee: glückliches/zufriedenes Kind/junge Dame; glücklicher Neuanfang
3 Das Schiff: Neuanfang auf einer Reise; Neuanfang im geschäftlichen Bereich; Kind/junge Frau geht mit auf eine Reise; kleine oder kurze Reise
4 Das Haus: neues Haus; Neubau; Familie mit Kindern; kleines Haus; junge Dame kommt ins Haus
5 Der Baum: kranke/s Kind/junge Dame; junge Dame aus dem medizinischen Bereich
6 Die Wolken: Neubeginn gelingt nicht auf Anhieb; Sorgen und Probleme um Kind oder junge Dame lösen sich auf
7 Die Schlange: Frau mit Kind/junge Dame; zwei Frauen; Neuanfang für eine Frau
8 Der Sarg: Kind/junge Dame ist krank; verstorbenes Kind/Abtreibung; kein Neuanfang

9 Die Blumen: Kinderparty; überraschende Einladung; Einladung/Geschenk von einer jungen Dame
10 Die Sense: aggressive/s Kind/junge Dame
11 Die Rute: Neuanfang bringt Ärger; streitbare/s Kind/junge Dame; Gespräch mit Kind/junger Dame; Trennung von Kind/junger Dame
12 Die Eulen: zwei Kinder
14 Der Fuchs: kluges Kind; Kind lügt; Rivalin; Geliebte
15 Der Bär: dickes oder (mental) starkes Kind; Kind mit Großvater; junge Dame setzt sich durch
16 Die Sterne: ein Plan wird in die Tat umgesetzt; Glück für eine junge Dame
17 Die Störche: Schwangerschaft; junge Dame zieht um; Kind zieht weg
18 Der Hund: Kind und Freund/in; Kind/junge Dame mit Hund; junge Dame mit Partner oder Kollegen
19 Der Turm: Jugendamt; Schule
20 Der Park: Kindergarten; Veranstaltung mit Kindern/ Jugendlichen; Disco
21 Der Berg: Blockaden durch Manipulation bei einem/r Kind/jungen Dame
22 Die Wege: einen neuen Weg einschlagen; Begegnung mit einem Kind/einer jungen Dame
23 Die Mäuse: Kind/junge Dame ist krank/hat Kummer; »Verlust« eines Kindes; evtl. Auszug
24 Das Herz: Neuanfang in der Liebe; Liebelei; Flirt; Geliebte bzw. jüngere Rivalin
25 Der Ring: neuer Vertrag (überraschend); Bindung mit einer jungen Dame eingehen
26 Das Buch: ein Kind will geboren werden; Kind/junge Dame hat ein Geheimnis; Geheimnis um ein/e Kind/ junge Dame; Kind/junge Dame studiert/macht Ausbildung/besucht Seminar etc.
27 Der Brief: überraschende, positive Neuigkeit; Nachricht von einem Kind oder einer jungen Dame

28 DER HERR: Mann ist naiv; unreif; Mann mit Kind/junger Dame; Neuanfang für/mit einen/m Mann
29 DIE DAME: siehe DER HERR; Dame ist klein oder sieht jünger aus
30 DIE LILIE: frühe Schwangerschaft
31 DIE SONNE: Kind/junge Dame mit fröhlichem Gemüt; erfreulicher Neuanfang; frohe Botschaft/überraschend gute Nachricht
32 DER MOND: sensible/s Kind/junge Dame; Erfolg für ein/e Kind/junge Dame
33 DER SCHLÜSSEL: Neuanfang (manchmal auch Schwangerschaft) mit Sicherheit; Kind/junge Dame kann auf sicheres Gelingen zählen
34 DIE FISCHE: es kommt (wenig) Geld; neuer Geschäftspartner
35 DER ANKER: neue berufliche Tätigkeit; Beruf mit Kindern
36 DAS KREUZ: Kind/junge Dame hat ein »Kreuz« zu tragen

14 DER FUCHS – Hinterlist, Betrug, Intrige, Klugheit und Schläue

1 DER REITER: unwahre Nachricht
2 DER KLEE: trügerisches Glück
3 DAS SCHIFF: Reise in Kürze; Lug und Trug um eine Reise; Betrug im geschäftlichen Bereich; Betrug/Hinterlist bei einer Erbschaftsangelegenheit
4 DAS HAUS: Betrug im familiären Bereich; Vorsicht beim Hauskauf!
5 DER BAUM: falsche Krankheit; blaumachen
6 DIE WOLKEN: gefährlicher Intrigant
7 DIE SCHLANGE: Rivalin; Intrigantin; geschickte Lügnerin
8 DER SARG: Ende einer Intrige
9 DIE BLUMEN: Einladung aus Berechnung; falsche Freunde
10 DIE SENSE: Aggression und Lüge

11 DIE RUTE: Streit durch Lüge
12 DIE EULEN: unwahre Nachricht
13 DAS KIND: kluge/s Kind/junge Dame; Kind/junge Dame lügt; Betrug mit/um ein/e Kind/junge Dame; Rivalin; Geliebte
15 DER BÄR: hinterhältiger Unternehmer/Anwalt/Chef etc.
16 DIE STERNE: kluge Eingebung
17 DIE STÖRCHE: es ist klug, eine Veränderung herbeizuführen; Veränderungen durch Intrigen (später erweisen sich diese Veränderungen als positiv)
18 DER HUND: falscher Freund
19 DER TURM: Finanzamt
20 DER PARK: falsche/schlechte Freunde
21 DER BERG: mit Lügen nicht weiterkommen
22 DIE WEGE: kluge Entscheidung treffen; falsche Entscheidung ist möglich
23 DIE MÄUSE: Lügen werden aufgedeckt
24 DAS HERZ: Eifersucht; Betrug im Gefühlsbereich
25 DER RING: Betrug in der Beziehung (auch geschäftlich)
26 DAS BUCH: Verschwörung; Spionage; Detektei; Spickzettel bei Prüfung
27 DER BRIEF: unwahre Nachricht
28 DER HERR: kluger Mann; Betrüger
29 DIE DAME: kluge Frau, Betrügerin
30 DIE LILIE: Probleme im sexuellen Bereich; Falschheit in der Familie; Affäre; zwielichtiger Mann
31 DIE SONNE: falsche Freundlichkeit
32 DER MOND: scheinbarer Erfolg
33 DER SCHLÜSSEL: Intrige/Lüge mit Sicherheit
34 DIE FISCHE: Betrug im finanziellen Bereich; Diebstahl
35 DER ANKER: Intrige am Arbeitplatz; falsche Hoffnungen in der Liebe
36 DAS KREUZ: notorische Lügen (bei Süchtigen und Fremdgehern); Lebenslüge

15 DER BÄR – Unternehmer, Chef, Anwalt, Besitz, Kraft und Stärke

1 DER REITER: Nachricht von offizieller Person (Anwalt, Schulleiter, Steuerberater, Makler, Chef, Unternehmer etc.); Anruf von älterer Person (geschlechtsneutral)
2 DER KLEE: Glück im Spiel; ein Unternehmer bringt Glück
3 DAS SCHIFF: große/viele Geschäfte; Erfolg; viel Geld; eine »offizielle« oder ältere Person geht auf Reisen
4 DAS HAUS: Vermehrung des Besitzes; Hauskauf; Makler
5 DER BAUM: etablierter Unternehmer; ältere Person (geschlechtsneutral) ist krank; hohe Persönlichkeit aus dem medizinischen Bereich
6 DIE WOLKEN: Negatives für eine offizielle oder ältere Person geht vorüber oder löst sich auf
7 DIE SCHLANGE: Geschäftsfrau; Frau weiß sich durchzusetzen; ein Paar (evtl. aus dem Geschäftsleben); Großeltern
8 DER SARG: kranke/r Großvater/Großmutter; unangenehme Behördenangelegenheit
9 DIE BLUMEN: freundlicher Chef oder »offizielle« Person; lebensfrohe ältere Person
10 DIE SENSE: eine offizielle oder ältere Person ist aggressiv
11 DIE RUTE: Anwalt; Streit mit einen Vorgesetzten
12 DIE EULEN: Gespräch/Telefonat mit Chef/Vorgesetztem/Unternehmer; ältere Person
13 DAS KIND: dickes oder (mental) starkes Kind; Kind mit Großvater; offizielle Person und junge Dame
14 DER FUCHS: hinterhältiger Unternehmer/Anwalt/Chef etc.
16 DIE STERNE: finanzielle Aufbesserung; Beförderung/Aufstieg; Mann aus der Esoterik
17 DIE STÖRCHE: Veränderung des Firmenstandortes; neuer Vorgesetzter

18 Der Hund: freundlicher Herr; zwei Männer; Mann mit Hund/Haustier
19 Der Turm: Richter
20 Der Park: großer Unternehmer; Mann steht in der Öffentlichkeit
21 Der Berg: älterer Herr/Unternehmer etc. kommt nicht weiter; geschäftliche Hindernisse
22 Die Wege: Geschäftsentscheidung; Geschäftsmann ist entschlossen/Entscheidung steht fest
23 Die Mäuse: Zweifel an einer geschäftlichen Angelegenheit; geschäftliches Anliegen kommt nicht zum Tragen; Vater/Großvater ist krank/hat Kummer
24 Das Herz: Eifersucht mit Wutausbruch
25 Der Ring: Geschäftsverbindung mit einem Herrn/Unternehmer
26 Das Buch: Mann des Rechts/Rechtspfleger etc.; studierte Person; offizielle Person ist verschwiegen; ein Mann, den man noch nicht kennt
27 Der Brief: Korrespondenz mit einflussreicher Person
28 Der Herr: Vater/Schwiegervater und Sohn; Mann ist aufgeregt/jähzornig/ungerecht
29 Die Dame: siehe Der Herr
30 Die Lilie: Geschäftspartner
31 Die Sonne: Geld und Erfolg kommt; Glück durch eine männliche Persönlichkeit
32 Der Mond: Erfolg und Anerkennung im geschäftlichen Bereich
33 Der Schlüssel: mit Sicherheit Erfolg und Geld/gutes Gelingen in Unternehmungen
34 Die Fische: viel Geld; Reichtum (relativ); stabile Finanzen
35 Der Anker: Chef/Vorgesetzter etc.
36 Das Kreuz: gut gestellter Mann; Mann in höherer Position

16 Die Sterne – Idee, Eingebung, gutes Gelingen, Erfolg, Neubeginn, Spiritualität

1 Der Reiter: Idee; Eingebung; Neuanfang
2 Der Klee: glückliche Eingebung/Neuanfang/Erfolg
3 Das Schiff: ein neues Geschäft eröffnen; eine Reise unternehmen, um einen Neuanfang zu machen
4 Das Haus: Glück mit einem Haus, glückliches Haus; häusliches Glück
5 Der Baum: in der Nacht im Freien
6 Die Wolken: Suchtmittel; Alkoholmissbrauch
7 Die Schlange: esoterisch/spirituell interessierte Frau; Neuanfang mit einer Frau (privat und/oder geschäftlich)
8 Der Sarg: nach einer Krise erfolgreich durchstarten
9 Die Blumen: gesellschaftlicher Erfolg; Neuanfang
10 Die Sense: Projekt/Vorhaben wird rasch verwirklicht
11 Die Rute: intelligente Gespräche
12 Die Eulen: Anruf kündigt Erfolg an
13 Das Kind: kleine Taten, große Wirkung; Glück für Kind/junge Dame
14 Der Fuchs: kluge Eingebung
15 Der Bär: finanzielle Aufbesserung; ein Mann aus dem spirituellen Bereich
17 Die Störche: erfolgreiche Veränderung; Veränderung, die sich im Kopf abspielt
18 Der Hund: spiritueller Freund/Kollege; geistiger Typus; Mann hat Glück
19 Der Turm: Erfolg in der Selbstständigkeit; gutes Gelingen bei Behörden; Zurückgezogenheit dient der geistigen Entwicklung
20 Der Park: Seminar im spirituellen Bereich; Erfolg und Anerkennung in der Öffentlichkeit
21 Der Berg: Hindernisse werden zur Seite geschoben, wenn man den »Berg« erklommen hat
22 Die Wege: richtige Entscheidung bringt Erfolg und Profit
23 Die Mäuse: Suchtmittel; Medikamente

24 Das Herz: glückliche Liebe
25 Der Ring: neue Verbindung – geschäftlich oder privat; Vertrag mit Erfolg abschließen; spirituelle Gemeinschaft
26 Das Buch: Geheimbund; Verband/Verein im spirituellen oder geistigen Bereich; Kartenleger/in, Astrologe/in etc.
27 Der Brief: Nachricht kündigt Erfolg an oder bringt Zufriedenheit
28 Der Herr: Erfolgsmann; Mann ist medial veranlagt; manchmal: Sternenkundler
29 Die Dame: siehe Der Herr
30 Die Lilie: glückliche Sexualität; Neuanfang in der Familie
31 Die Sonne: Ruhm/Ehre/Anerkennung; Selbstfindung
32 Der Mond: Ruhm/Ehre/Anerkennung; gesellschaftlicher Aufschwung
33 Der Schlüssel: mit absoluter Sicherheit Erfolg oder gute Erkenntnisse
34 Die Fische: Geld und Erfolg im geschäftlichen Bereich durch neue Ideen
35 Der Anker: neue Arbeit, die Spaß macht; Arbeit im esoterischen/spirituellen Bereich
36 Das Kreuz: viel Energie wird geistig umgesetzt; Spiritualität ist Ihr Metier

17 Die Störche – Umzug, Reise, Veränderung generell, Kindersegen

1 Der Reiter: Nachricht bedeutet Veränderung; Nachricht über Umzug/Reise/Geburt; Botschaft aus dem Ausland
2 Der Klee: Veränderung zum Besseren/bringt Glück
3 Das Schiff: Ausland; Reise ins Ausland/über den Ozean; Reise bringt Veränderungen
4 Das Haus: Veränderung der Wohnsituation; Umzug; Umbau/Renovierung

5 Der Baum: bis zur Veränderung vergeht noch ein längerer Zeitraum
6 Die Wolken: aus Schaden klug werden; Sorgen klären sich auf; ein Mann zieht fort; ein Mann verändert sich zum Positiven/zu seinem Vorteil
7 Die Schlange: umständlicher Umzug oder Umzug auf Umwegen; Frau sorgt für Veränderung; Frau zieht weg
8 Der Sarg: negative/keine Veränderung
9 Die Blumen: man möchte »schöner wohnen« und setzt dies auch um: Umzug in ein gößeres/schöneres Haus, aktuelle Wohnung wird verschönert/renoviert etc.
10 Die Sense: schnelle/plötzliche/spontane Veränderung
11 Die Rute: Veränderung nach Gesprächen; Ideen durch Gespräche
12 Die Eulen: Veränderung bringt Unruhe/Schwierigkeiten; Telefonat leitet Veränderung ein
13 Das Kind: Schwangerschaft oder etwas Eigenes gebären; evtl. Geschäftsidee; Kind/junge Dame zieht um
14 Der Fuchs: es ist klug, eine Veränderung herbeizuführen; Veränderung durch Intrigen (Veränderung erweist sich später als positiv)
15 Der Bär: Veränderung des Firmenstandortes; neuer Vorgesetzter
16 Die Sterne: erfolgreiche Veränderung
18 Der Hund: der Freundeskreis wird gewechselt; neue Freunde und Bekanntschaften
19 Der Turm: positive Veränderung in Zusammenhang mit einer Behörde; der Einsamkeit entrinnen; aber auch: sich zurückziehen
20 Der Park: durch Veränderung in der Öffentlichkeit stehen
21 Der Berg: zurzeit sind Veränderungen nicht möglich
22 Die Wege: die Entscheidung bringt den erhofften Wandel
23 Die Mäuse: keine/negative Veränderung; kein/negativer Umzug; keine/negative Reise etc.
24 Das Herz: sich neu verlieben; den Partner neu entdecken

25 Der Ring: Veränderung in einer Beziehung – privat/beruflich/geschäftlich; positive Veränderungen durch Vertrag
26 Das Buch: gelüftetes Geheimnis bringt Veränderung; Dokumente (Testament) werden geändert; nach Prüfung/Studium/Ausbildung setzt eine Veränderung ein
27 Der Brief: Nachricht bringt positive Veränderung
28 Der Herr: Mann ist beweglich/flexibel/facettenreich/bringt Veränderung; Mann zieht um/will sich verändern
29 Die Dame: siehe Der Herr
30 Die Lilie: frühe Schwangerschaft; Veränderung durch einen Mann
31 Die Sonne: erfolgreiche Veränderung; Wandel bringt Energie; Reise/Umzug in den Süden
32 Der Mond: Erfolg versprechende Veränderungen (quasi über Nacht)
33 Der Schlüssel: Neuerung kommt mit Sicherheit
34 Die Fische: Veränderung durch Geschäftsmann/Geld
35 Der Anker: eine neue Arbeit kommt; Veränderung am Arbeitsplatz
36 Das Kreuz: Veränderung schicksalhaft bedingt/unausweichlich

18 Der Hund – Treue, Freundschaft, Beständigkeit, gute/r Freund/in, Haustier

1 Der Reiter: Telefonat mit/Nachricht von einem Freund; Mann mit Auto/Pferd; Tiere
2 Der Klee: Freundschaft, die glücklich macht; Hilfsbereitschaft
3 Das Schiff: Besuch eines Freundes; Mann ist auf Reisen/wohnt weiter weg; Unternehmer; Ausländer
4 Das Haus: freundliche Hausbewohner
5 Der Baum: Hund/Mann ist krank; alter Freund

6 DIE WOLKEN: Vetternwirtschaft; für einen Freund/ Kollegen/Bekannten klären sich Angelegenheiten auf
7 DIE SCHLANGE: freundliche Frau; Frau mit Hund
8 DER SARG: Sie können derzeit nicht auf Ihre Freunde zählen; Schreck/Schock für einen Freund; ein Mann ist krank
9 DIE BLUMEN: freundliche Leute; nette Gesellschaft; Einladung von einem Mann/Freund/Bekannten
10 DIE SENSE: aggressiver Kollege; Hund/Haustier wurde misshandelt/hatte Schmerzen
11 DIE RUTE: Streit oder Diskussion/Gespräch mit einem Freund
12 DIE EULEN: viele Freunde; Anruf von einem Mann; ein Freund ist nervös/hat Sorgen
13 DAS KIND: Kind und Freund/in; Kind/junge Dame mit Hund; ein Pärchen
14 DER FUCHS: falsche/r Freund/Freunde
15 DER BÄR: freundlicher Herr; zwei Männer, Geschäftsfreunde
16 DIE STERNE: spiritueller Freund/Kollege
17 DIE STÖRCHE: der Freundeskreis wird gewechselt; neuer Bekanntenkreis öffnet sich
19 DER TURM: egoistischer Freund; einsamer Freund; Geschäftsmann
20 DER PARK: Freund steht in der Öffentlichkeit; einen Freund bei einer Veranstaltung treffen (Disco/Kneipe etc.)
21 DER BERG: sturer Freund; Hindernis/Blockade für einen Mann
22 DIE WEGE: Mann muss sich entscheiden/ihm bieten sich mehrere Alternativen
23 DIE MÄUSE: keine Freunde/Freundschaft; Freund/Hund/ Haustier ist krank/hat Kummer oder Schmerzen; Freund hat schlechtes Gewissen
24 DAS HERZ: aus Freundschaft wird Liebe; Liebe zu einem (neuen) Mann; herzliche Freundschaft

25 Der Ring: Club; Clique; Verein; Bindung mit einem Mann eingehen – privat/geschäftlich/beruflich
26 Das Buch: studierter Freund; verschlossener Freund; Freund hat Geheimnis; noch unbekannter Mann wird später Geschäftspartner oder Lebenspartner
27 Der Brief: Nachricht von einem Freund
28 Der Herr: Mann und sein Freund; treuer Mann
29 Die Dame: Frau hat einen guten Freund (nicht Liebhaber) oder Sohn; treue Frau
30 Die Lilie: harmonische Freundschaft; Freund/Mann ist sexuell interessiert
31 Die Sonne: Freund hilft bei Ideenfindung/gibt Impulse; Freund verleiht Kraft und Energie; positive, glückliche Freundschaft
32 Der Mond: erfolgreicher Freund; Freund ist sensibel
33 Der Schlüssel: zuverlässiger Freund
34 Die Fische: finanziell abgesicherter Freund/Freund ist Geschäftsmann
35 Der Anker: Arbeitskollege
36 Das Kreuz: Freund/Mann muss eine Prüfung bestehen

19 Der Turm – Behörde, Amt, Gericht, Unternehmen, Einsamkeit

1 Der Reiter: Nachricht von Behörde/Amt
2 Der Klee: Glück bei behördlichen Angelegenheiten
3 Das Schiff: Geschäftsreise; absolute Selbstständigkeit; Reise, die allein gemacht wird; »aussteigen«
4 Das Haus: großes Haus (Firma; Betrieb)
5 Der Baum: Gesundheitsamt
6 Die Wolken: Ärger mit Behörden und Ämtern wird sich aufklären
7 Die Schlange: Beamtin; Geschäftsfrau; Frau ist selbstständig

8 Der Sarg: behördliche/amtliche Angelegenheit misslingt
9 Die Blumen: selbstständig im kreativen Bereich
10 Die Sense: Selbstständigkeit wird aufgelöst; behördliche Angelegenheiten/Schwierigkeiten wird es nicht geben
11 Die Rute: Gerichtsprozess; Ärger mit Behörden
12 Die Eulen: Schwierigkeiten mit Behörden und Ämtern
13 Das Kind: Jugendamt; Schule
14 Der Fuchs: Finanzamt
15 Der Bär: Richter
16 Die Sterne: Erfolg in der Selbstständigkeit; gutes Gelingen bei behördlichen Angelegenheiten
17 Die Störche: positive Veränderung mit/durch eine/r Behörde
18 Der Hund: egoistischer Freund; einsamer Freund; Geschäftsmann
20 Der Park: öffentliches Gebäude; Firmenkomplex; bei Personenkarte: XY steht in der Öffentlichkeit
21 Der Berg: geschäftliche Konkurrenz (Mitbewerber); bei den Behörden wird im Moment nichts erreicht
22 Die Wege: einsam seiner Wege gehen; Behörde bietet Alternativen
23 Die Mäuse: behördliche Angelegenheit geht negativ aus
24 Das Herz: eine Liebe geht verloren
25 Der Ring: Trennung vom Partner wird angedacht/vollzogen
26 Das Buch: bei der Personenkarte: Lehrer, Professor
27 Der Brief: Behördenbrief
28 Der Herr: Unternehmer, egoistisch und/oder einsam und verlassen; Beamter
29 Die Dame: Geschäftsfrau/Beamtin, egoistisch und/oder einsam
30 Die Lilie: Richter; Unterstützung von Unternehmer
31 Die Sonne: Glück mit Behörden/Unternehmen/Geschäft
32 Der Mond: berühmte Persönlichkeit
33 Der Schlüssel: gutes Gelingen in behördlichen Dingen; Selbstständigkeit wird gelingen; Neuanfang in einer großen Firma/Behörde

34 Die Fische: Bank/Geldinstitut
35 Der Anker: Arbeitsamt; große Firma; Handwerksbetrieb
36 Das Kreuz: Ärger mit Behörden; Selbstständigkeit ist Bestimmung

20 Der Park – Veranstaltung, Gesellschaft, Öffentlichkeit, Parkanlage, Publikumsverkehr

1 Der Reiter: zu einer Gesellschaft/Veranstaltung gehen
2 Der Klee: Glück und Hoffnung in einer Gesellschaft/Gruppe; Spaß haben
3 Das Schiff: Reise zu einer Veranstaltung; »gehobene« Gesellschaft; Öffentlichkeitsarbeit
4 Das Haus: öffentliches Haus; Hotel; Haus mit Garten/Park
5 Der Baum: Krankenhaus; Therapie; Kur
6 Die Wolken: undurchsichtige Gesellschaft wird im Lauf der Veranstaltung zugänglicher
7 Die Schlange: Frau steht in der Öffentlichkeit
8 Der Sarg: Schreck bei einer Veranstaltung; Krankenhaus
9 Die Blumen: schöne Dinge in Verbindung mit Publikumsverkehr: Kosmetik-, Friseur-, Blumengeschäft, Massagepraxis, Möbelladen etc.; Messe; Ausstellung
10 Die Sense: Aggression und Hektik in der Öffentlichkeit/während einer Veranstaltung lösen sich/werden abgeschwächt
11 Die Rute: Tanz und Gesang; Rede halten
12 Die Eulen: Gespräche mit Publikumsverkehr (Kartenlegen, Lebensberatung etc.)
13 Das Kind: Kindergarten; Veranstaltung mit Kindern/Jugendlichen; junge Dame bei einer Veranstaltung
14 Der Fuchs: falsche/schlechte Gesellschaft
15 Der Bär: großer Unternehmer; Mann steht in der Öffentlichkeit

16 Die Sterne: Seminar im spirituellen Bereich; Erfolg und Anerkennung in der Öffentlichkeit
17 Die Störche: durch Veränderung in der Öffentlichkeit stehen
18 Der Hund: Freund steht in der Öffentlichkeit; einen Freund bei einer Veranstaltung treffen (Disco/Kneipe etc.)
19 Der Turm: öffentliches Gebäude; Firmenkomplex; bei Personenkarte: XY steht in der Öffentlichkeit
21 Der Berg: zurzeit ist ein Aufstieg nicht möglich; der erhoffte Erfolg stellt sich nicht ein; Veranstaltung ist langweilig; einer Gesellschaft absagen
22 Die Wege: Entscheidung treffen, die mit Publikumsverkehr zu tun hat; auf dem Weg zu einer Veranstaltung
23 Die Mäuse: Veranstaltung fällt aus/verläuft negativ
24 Das Herz: in der Öffentlichkeit/bei einer Veranstaltung kommt die große Liebe
25 Der Ring: neue gesellschaftliche Verbindung; »Aufstieg«; Hochzeit
26 Das Buch: Vorlesung; Lesung; Seminar; Umschulung; Weiterbildung; Zusatzausbildung
27 Der Brief: Einladung zu einer Gesellschaft/auch Party
28 Der Herr: Mann steht in der Öffentlichkeit/hat mit Publikumsverkehr zu tun
29 Die Dame: siehe Der Herr
30 Die Lilie: wichtiger Mann in der Gesellschaft; Striplokal; Bordell
31 Die Sonne: öffentliches Ansehen; Erfolg
32 Der Mond: berühmt/bekannt werden
33 Der Schlüssel: gutes Gelingen bei Vorhaben mit Publikum/in der Öffentlichkeit
34 Die Fische: öffentliche Mittel; Bankgeschäfte/Bankangestellter; Geld durch Publikumsverkehr; Gage
35 Der Anker: Öffentlichkeitsarbeit; Arbeit mit Publikum; im Verkauf tätig sein
36 Das Kreuz: Beerdigung; Friedhof; Veranstaltung ist von Bedeutung

21 DER BERG – Hindernisse, Blockaden, Feindschaft, Belastung

DER BERG ist eine eher massive Blockade, die nur durch DIE SENSE (links neben dem Berg liegend) oder DIE MÄUSE aufgelöst werden kann. Einige wenige weitere Karten können die Aussage des BERGES ein wenig abschwächen. Oberhalb, unterhalb oder diagonal von einer Personen- oder Sachkarte hat DER BERG die gleiche Bedeutung wie rechts oder links von ihr.

1 DER REITER: Nachricht ist noch blockiert; negative Nachricht
2 DER KLEE: (gedankliche) Blockade; Glück und Hoffnung sind zurzeit nicht vorhanden
3 DAS SCHIFF: keine Reise; Geschäfte laufen schlecht/sind blockiert; Reise ins Gebirge
4 DAS HAUS: kein Zugang zum Haus/kein Kauf; feindliches Haus; Feind im Haus/in der Nähe des Hauses; manchmal: böser Nachbar
5 DER BAUM: krank durch Blockaden (geistig); geistig blockiert
6 DIE WOLKEN: absolutes Nichtgelingen; Stillstand
7 DIE SCHLANGE: Blockaden/Hindernisse für eine Frau
8 DER SARG: »Nichts geht mehr«, ein neuer Weg muss gesucht werden
9 DIE BLUMEN: mit Freundlichkeit nicht weiterkommen; Hautausschlag/Akne
10 DIE SENSE: nichts passiert; Stagnation
11 DIE RUTE: Gespräche, die nichts bringen
12 DIE EULEN: Gespräche, die zu nichts führen; nichts preisgeben; Telefonat/Anruf kommt nicht
13 DAS KIND: Blockaden durch Manipulation bei Kind/junger Dame
14 DER FUCHS: mit Lügen nicht weiterkommen
15 DER BÄR: älterer Herr kommt nicht weiter; geschäftliche Hindernisse

16 DIE STERNE: durch Anstrengung werden Hindernisse beiseitegeschoben
17 DIE STÖRCHE: zurzeit sind Veränderungen nicht möglich
18 DER HUND: sturer Freund
19 DER TURM: geschäftliche Konkurrenz/Mitbewerber; bei den Behörden wird im Moment nichts erreicht
20 DER PARK: Veranstaltung ist langweilig; einer Gesellschaft absagen
22 DIE WEGE: Sackgasse
23 DIE MÄUSE: Hindernisse lösen sich auf
24 DAS HERZ: Gefühlskälte
25 DER RING: belastete Beziehung, Bruch droht
26 DAS BUCH: kein Weiterkommen im Studium; Geheimnis bleibt verschlossen; Vertrag kommt nicht zustande usw.
27 DER BRIEF: im Moment keine Nachrichten
28 DER HERR: Mann ist blockiert; Belastungen
29 DIE DAME: siehe DER HERR
30 DIE LILIE: kein Sexualleben
31 DIE SONNE: bald kommen wieder bessere Zeiten (die Sonne erwärmt den Berg)
32 DER MOND: Depression; kein Erfolg
33 DER SCHLÜSSEL: Hindernis wird mit Sicherheit zur Seite geschoben
34 DIE FISCHE: Geldfluss ist blockiert
35 DER ANKER: arbeitslos; keine Arbeit; berufliche Blockaden
36 DAS KREUZ: über den Berg sein

22 DIE WEGE – Entscheidung, Reise, Alternative, Entschlossenheit, Straße, Schwester, Freundin usw. (manchmal auch Anzahl 2)

1 DER REITER: Entscheidung kommt auf einen zu
2 DER KLEE: Entscheidung, die glücklich macht/Glück bringt
3 DAS SCHIFF: zwei Reisen; Geschäftsentscheidung

4 Das Haus: Entscheidung im/für ein Haus; zwei Wohnsitze
5 Der Baum: Lebensentscheidung
6 Die Wolken: Entscheidung sollte gut durchdacht werden
7 Die Schlange: Entscheidung auf Umwegen; man kann sich nicht entscheiden
8 Der Sarg: der Weg endet hier
9 Die Blumen: freundliche Nachbarn; Blumenwiese; netter Spaziergang
10 Die Sense: Entscheidung ist bereits gefallen
11 Die Rute: verschiedene Richtungen; entscheidende Gespräche; mehrere Entscheidungen
12 Die Eulen: über Entscheidungen sprechen/diskutieren; viele Wege führen zum Ziel; Schwierigkeiten bei der Entscheidungsfindung
13 Das Kind: einen neuen Weg einschlagen
14 Der Fuchs: kluge Entscheidung treffen; Vorsicht bei der Wahl – falsche Entscheidung ist möglich
15 Der Bär: geschäftliche Entscheidung; Geschäftsmann ist entschlossen/Entscheidung steht an
16 Die Sterne: richtige Entscheidung bringt Erfolg und Glück
17 Die Störche: Entscheidung bringt den erhofften Wandel
18 Der Hund: einem Freund/Kollegen tut sich eine Alternative auf
19 Der Turm: einsam seiner Wege gehen; Behörde bietet Alternativen
20 Der Park: Entscheidung mit Publikumsverkehr treffen; auf dem Weg zu einer Veranstaltung
21 Der Berg: Sackgasse
23 Die Mäuse: schnelle/r Weg/Reise; Weg wird abgekürzt
24 Das Herz: Entscheidung aus Liebe
25 Der Ring: entscheidender Vertrag ; manchmal: zwei Verträge
26 Das Buch: entscheidende/zwei Dokumente
27 Der Brief: entscheidende Neuigkeit; Brief bringt Entscheidung; Nachricht von einer Frau
28 Der Herr: Mann ist entschlossen

29 DIE DAME: Frau ist entschlossen
30 DIE LILIE: Alternative für einen Mann
31 DIE SONNE: sonniger Weg
32 DER MOND: Erfolgsweg
33 DER SCHLÜSSEL: richtige Entscheidung
34 DIE FISCHE: Entscheidung in Bezug auf finanzielle Angelegenheiten muss getroffen werden/Alternativen tun sich auf
35 DER ANKER: Straßenarbeiten; berufliche Entscheidung treffen
36 DAS KREUZ: an einer Wegkreuzung stehen

23 DIE MÄUSE – Verlust, Kummer, Krankheit, Parasiten

DIE MÄUSE sind die Diebe und »stehlen« bzw. »vernichten« Kombinations-Karten. Bei negativen Karten ist das natürlich von Vorteil, weil sich dadurch die negative Aussage aufhebt. Beispiel DER BERG: Hier wird eine Blockade von den MÄUSEN beseitigt. Bei positiven Karten wird die gute Aussage durch die Mäuse geschwächt beziehungsweise nicht bestätigt.

1 DER REITER: verlorene/negative Nachricht; Auto ist defekt; Sport fällt aus; junger Mann ist krank/hat Kummer
2 DER KLEE: Glück geht vorbei/kein Glück
3 DAS SCHIFF: Reise, die negativ verläuft; Absage (Verlust) einer Reise; Verzögerung/Verspätung bei einer Reise; Geschäft kommt nicht zustande; keine Erbschaft
4 DAS HAUS: Haus wird verkauft; Verlust eines Hauses; Schäden am Haus
5 DER BAUM: Krankheit bessert sich
6 DIE WOLKEN: alles klärt sich auf; Negatives zieht ab
7 DIE SCHLANGE: Frau erleidet Verlust; Frau ist krank; Frau hat negative Ausstrahlung/ist missgelaunt
8 DER SARG: Sie werden von allen Sorgen befreit

9 Die Blumen: Einladung wird abgesagt; schlechte Gesellschaft; Vorstellungsgespräch war/ist negativ; schlechter Geschmack (geschmackloses Geschenk o.Ä.)

10 Die Sense: Gefahr verschwindet/kommt gar nicht erst auf

11 Die Rute: Konflikt wird gelöst; keine Gespräche

12 Die Eulen: anonymer Anruf/kein Anruf/Telefonat wird nicht geführt

13 Das Kind: Kind/junge Dame ist krank/hat Kummer; »Verlust« eines Kindes/junger Dame; evtl. Auszug

14 Der Fuchs: Lügen werden aufgedeckt

15 Der Bär: Zweifel an einer geschäftlichen Angelegenheit; Vater/Großvater ist krank/hat Kummer

16 Die Sterne: Suchtmittel; Medikamente (Übermaß)

17 Die Störche: keine Veränderung/Umzug etc.

18 Der Hund: keine Freunde/Freundschaft; Freund ist krank/hat Kummer; Freund/Mann/Kollege hat schlechtes Gewissen

19 Der Turm: behördliche Angelegenheit geht negativ aus/steht vor der Auflösung

20 Der Park: zurzeit ist ein Aufstieg nicht möglich; der erhoffte Erfolg stellt sich nicht ein; langweilige Veranstaltung; einer Gesellschaft absagen

21 Der Berg: Hindernisse lösen sich auf

22 Die Wege: schnelle/r Weg/Reise; Weg wird abgekürzt

24 Das Herz: Liebeskummer

25 Der Ring: eine Beziehung wird aufgelöst

26 Das Buch: kein/e Studium/Ausbildung etc.; nicht bestandene Prüfung; ein Geheimnis wird gelüftet

27 Der Brief: Nachricht kommt nicht an; Verlust einer Botschaft

28 Der Herr: Mann hat Kummer oder ist krank

29 Die Dame: Frau hat Kummer oder ist krank

30 Die Lilie: keine Sexualität; Geschlechtskrankheit; Auflösung einer Affäre

31 Die Sonne: wenig Energie; zurzeit kein Erfolg

32 DER MOND: Depression; Sucht: Alkohol, Drogen, Magersucht; kein Erfolg; Schlaflosigkeit
33 DER SCHLÜSSEL: Unzuverlässigkeit; Misslingen; Unsicherheitsfaktor
34 DIE FISCHE: Geldverlust; kein Geld
35 DER ANKER: Arbeitslosigkeit
36 DAS KREUZ: Verlust wiederholt sich

24 DAS HERZ – Liebe, Flirt, neue Liebe

1 DER REITER: Liebesnachrichten/Liebeserklärung; Flirt; junger Mann ist verliebt; in einen jungen Mann verliebt sein; herzlicher junger Mann; Liebe zum Sport
2 DER KLEE: Glück in Herzensangelegenheiten
3 DAS SCHIFF: Flitterwochen; Liebesreise
4 DAS HAUS: Haus mit herzlicher Atmosphäre; liebevolle Familie; Liebe kommt ins Haus
5 DER BAUM: Herzkrankheit; Liebeskummer
6 DIE WOLKEN: Liebeskummer wird vergehen
7 DIE SCHLANGE: Geliebte/Rivalin; liebe Freundin
8 DER SARG: Liebeskummer, der aber nur von kurzer Dauer ist
9 DIE BLUMEN: romantische Liebe; herzliche Einladung
10 DIE SENSE: Eifersucht vergeht
11 DIE RUTE: Kummer in Herzensangelegenheiten; Zerrissenheit in der Liebe; Liebesgespräch/Flirt
12 DIE EULEN: Liebesgespräche; Schwierigkeiten in der Liebe, die aber nur von kurzer Dauer sind
13 DAS KIND: Neuanfang in der Liebe; Liebelei; Flirt; Geliebte/jüngere Rivalin; herzliche/s Kind/junge Dame
14 DER FUCHS: Eifersucht; Betrug im Gefühlsbereich
15 DER BÄR: Eifersucht mit Wutausbruch
16 DIE STERNE: glückliche Liebe
17 DIE STÖRCHE: sich neu verlieben; den Partner neu entdecken

18 DER HUND: aus Freundschaft wird Liebe; Liebe zu einem neuen Mann
19 DER TURM: eine Liebe geht verloren
20 DER PARK: in der Öffentlichkeit/bei einer Gesellschaft trifft man die große Liebe
21 DER BERG: Gefühlskälte
22 DIE WEGE: Entscheidung aus Liebe; Kompromisse eingehen
23 DIE MÄUSE: Liebeskummer
25 DER RING: Liebesheirat; Liebesbindung
26 DAS BUCH: heimliche Liebe
27 DER BRIEF: Liebesnachricht
28 DER HERR: Mann ist verliebt
29 DIE DAME: Frau ist verliebt
30 DIE LILIE: Glückwunsch! Liebe und Leidenschaft fallen zusammen
31 DIE SONNE: glückliche Liebe
32 DER MOND: tiefe, aufrichtige Gefühle; Romantik
33 DER SCHLÜSSEL: die neue/alte Liebe kommt mit Sicherheit
34 DIE FISCHE: Liebe zu einem Geschäftsmann; materielle Einstellung
35 DER ANKER: bodenständige Liebe
36 DAS KREUZ: schicksalhafte Liebe, meist mit viel Leid verbunden

25 DER RING – Ehe, Bindung, Partnerschaft, Vertrag, Verein

1 DER REITER: Heiratsantrag; geschäftlicher Vertrag
2 DER KLEE: glückliche Verbindung; Vertrag bringt Glück
3 DAS SCHIFF: Clubreise; Geschäftsverbindung; Fusion
4 DAS HAUS: Miet- oder Kaufvertrag für ein Haus
5 DER BAUM: Partnerschaft fürs Leben; chronische Krankheit
6 DIE WOLKEN: Unklarheiten bei Vertrag/Bindung verschwinden
7 DIE SCHLANGE: Frau ist gebunden
8 DER SARG: Ende einer Beziehung; Kündigung

9 Die Blumen: Verlobung; Heiratsantrag
10 Die Sense: Verbindung/Vertrag (beruflich; privat) war in Gefahr, doch diese ist vorüber
11 Die Rute: Vertragsunterschrift; immer wiederkehrender Streit
12 Die Eulen: mindestens zwei Verträge
13 Das Kind: neuer Vertrag (überraschend); junge Dame die gebunden ist/eine Bindung eingeht
14 Der Fuchs: Betrug in der Beziehung, auch geschäftlich
15 Der Bär: Geschäftsverbindung
16 Die Sterne: neue Verbindung – geschäftlich oder privat; Vertrag mit Erfolg abschließen; spirituelle Gemeinschaft
17 Die Störche: Veränderung in einer Beziehung – privat/beruflich/geschäftlich; Vertrag bringt positive Veränderung
18 Der Hund: Club/Clique; neue Partnerschaft mit einem Mann eingehen
19 Der Turm: Trennung vom Partner wird angedacht/vollzogen
20 Der Park: neue gesellschaftliche Verbindung; »Aufstieg«; Hochzeit
21 Der Berg: belastete Beziehung, Bruch droht
22 Die Wege: entscheidender Vertrag
23 Die Mäuse: Beziehung wird aufgelöst
24 Das Herz: Liebesheirat; Liebesbindung
26 Das Buch: Dokumente; Verträge; heimliche Liebe; Geheimbund
27 Der Brief: Vertrag
28 Der Herr: Mann ist gebunden
29 Die Dame: Frau ist gebunden
30 Die Lilie: Frau hat Affäre mit einem Mann
31 Die Sonne: glückliche Verbindung/Vertragsabschluss
32 Der Mond: erfolgreicher Vertrag; starke Anziehungskraft zwischen zwei Personen
33 Der Schlüssel: mit Sicherheit Unterstützung und Vertrag; gutes Gelingen was Verträge betrifft

34 DIE FISCHE: Vertrag im finanziellen oder auch geschäftlichen Bereich
35 DER ANKER: Arbeitsvertrag; gegenseitige glückliche Bindung
36 DAS KREUZ: diese Bindung kann man nicht trennen

26 DAS BUCH – Geheimnis, Studium, Ausbildung, Journalismus, Dokument, Intelligenz

Handelt es sich beim BUCH tatsächlich um ein Geheimnis und die geöffnete Seite zeigt zur Personenkarte, dann wird diese Person von dem Geheimnis erfahren. Liegt die geschlossene Seite zur Personenkarte, bleibt es unentdeckt.

1 DER REITER: geheime Korrespondenz; Dokumente kommen ins Haus/Geschäft; Fahrt zu Studium/Ausbildung; Erfolg in der Ausbildung
2 DER KLEE: Studium bereitet Freude/bringt Glück und Erfolg
3 DAS SCHIFF: Studienreise; geheime Reise; Geschäftsreise
4 DAS HAUS: ein Haus, das man noch nicht kennt; Geheimnis schwebt über Haus/Familie; Hausdokumente
5 DER BAUM: dieses Geheimnis wird nicht gelüftet
6 DIE WOLKEN: Heimlichkeiten verursachen Unruhe
7 DIE SCHLANGE: geheime Geliebte; Frau hat etwas zu verbergen/hat ein Geheimnis; belesene/studierte Frau
8 DER SARG: Schreck/Schock wegen Dokument/Brief; schockierendes Geheimnis; kein/e Umschulung/Weiterbildung/Studium; Prüfung wird nicht bestanden
9 DIE BLUMEN: Blind date; Verabredung mit jemand Unbekanntem
10 DIE SENSE: ein Geheimnis war in Gefahr, gelüftet zu werden
11 DIE RUTE: Schriftstellerei; Tagebuch
12 DIE EULEN: Verschwiegenheit; von einem Geheimnis flüstern

13 DAS KIND: ein Kind will geboren werden; Kind hat ein Geheimnis; junge Dame macht Ausbildung; heimliche Geliebte (umliegende Karten beachten)
14 DER FUCHS: Verschwörung; Spionage
15 DER BÄR: Mann des Rechts/Rechtspfleger usw.
16 DIE STERNE: Geheimbund; Kartenleger/in; Astrologin/in etc.
17 DIE STÖRCHE: Veränderung durch Geheimnis/Literatur/Studium
18 DER HUND: studierter Freund; verschlossener Freund; Freund hat Geheimnis; noch unbekannter Mann wird später Geschäfts- oder Lebenspartner
19 DER TURM: bei der Personenkarte: Lehrer, Professor, Beamter im Allgemeinen; berufliche Selbstständigkeit
20 DER PARK: Vorlesung; Lesung; Seminar; Umschulung; Weiterbildung; Zusatzausbildung
21 DER BERG: kein Weiterkommen im Studium/bei der Ausbildung etc.
22 DIE WEGE: alternatives Dokument
23 DIE MÄUSE: kein/e Studium/Ausbildung etc.; nicht bestandene Prüfung; Geheimnis wird gelüftet
24 DAS HERZ: heimliche Liebe
25 DER RING: Dokumente; Verträge; heimliche Liebe; Geheimbund
27 DER BRIEF: viele Dokumente/Verträge; geheime Nachricht
28 DER HERR: noch unbekannter Mann für die Fragestellerin, wenn das Buch zwischen ihm und ihr liegt; Mann hat was zu verbergen; verschlossener Mann; belesener, intelligenter Mann; Mann hat studiert; manchmal: Ausbildung etc. für einen Mann
29 DIE DAME: noch unbekannte Frau für den Fragesteller; verschlossene Frau; belesene, intelligente Frau; Frau hat studiert; manchmal: Ausbildung etc. für eine Frau
30 DIE LILIE: Affäre; diesen Mann kennt man noch nicht; Mann des Wissens oder des Rechts; Mann hat was zu verbergen

31 Die Sonne: glückliche Nachricht; Erfolg im Studium etc.; Dokumente, die Glück bringen
32 Der Mond: geheimes Wissen; Erfolg mit einem Buch/ Dokumente/Referat
33 Der Schlüssel: ein Geheimnis wird gelüftet; gutes Gelingen mit Buch/Text/Artikel/Dokument
34 Die Fische: Geld, von dem man (noch) nichts weiß
35 Der Anker: Berufe, die mit Büchern und Gedrucktem zu tun haben; Arbeitspapiere
36 Das Kreuz: Schriftstellerei ist Bestimmung; schicksalhaftes Geheimnis

27 Der Brief – Nachricht, Telefonat, Informationen, Schriftstück

1 Der Reiter: Dokumente; Papiere; Nachrichten; Telefonate
2 Der Klee: Botschaft, die glücklich macht/Glücksnachricht
3 Das Schiff: Information/Nachricht während/über eine/r Reise; Nachricht ist unterwegs
4 Das Haus: Nachricht/Information kommt ins Haus
5 Der Baum: medizinisches Rezept; Krankschreibung
6 Die Wolken: Absage; Rückschlag, aber nicht besonders tragisch; Klärung durch Nachricht
7 Die Schlange: Nachricht von einer Frau; Gespräch mit einer Frau
8 Der Sarg: Absage; Kündigung; negative Nachricht
9 Die Blumen: Einladung
10 Die Sense: schnelle Nachricht (z. B. SMS oder E-Mail)
11 Die Rute: Verträge und Unterschriften
12 Die Eulen: viele Nachrichten; Botschaft bereitet Sorge
13 Das Kind: überraschend positive Neuigkeit; Nachricht von Kind/junger Dame
14 Der Fuchs: unwahre Nachricht
15 Der Bär: Korrespondenz mit einflussreicher Person
16 Die Sterne: Erfolgsnachricht

17 Die Störche: Nachricht bringt positive Veränderung
18 Der Hund: Nachricht von einem Freund/Mann
19 Der Turm: Behördenbrief
20 Der Park: Einladung zu einer Gesellschaft/Party/ins Kino
21 Der Berg: im Moment keine Nachrichten
22 Die Wege: entscheidende Neuigkeit; Brief bringt Entscheidung; manchmal: Nachricht von einer Frau
23 Die Mäuse: Nachricht kommt nicht an; Verlust einer Botschaft
24 Das Herz: Liebesnachrichten
25 Der Ring: Vertrag
26 Das Buch: Dokumente; Verträge; heimliche Liebe
28 Der Herr: Nachricht für einen/von einem Mann
29 Die Dame: Nachricht für eine/von einer Frau
30 Die Lilie: Nachricht von einem Liebhaber; Nachricht von einem Geschäftsmann/Mäzen
31 Die Sonne: positive Nachricht, wird meist von einem Mann übermittelt
32 Der Mond: anerkennende Nachricht
33 Der Schlüssel: erhoffte Nachricht kommt mit Sicherheit
34 Die Fische: Geldüberweisung
35 Der Anker: Arbeitsvertrag
36 Das Kreuz: Schicksalsnachricht, meist positiv

28 Der Herr (Ehemann, Geliebter, Partner) und
29 Die Dame (Ehefrau, Geliebte, Partnerin)

Direkt angrenzende Karten (oben; unten; rechts; links oder diagonal) haben immer einen direkten Bezug zur Person und verraten uns etwas über deren Charaktereigenschaften und Wesenszüge.

1 Der Reiter: sportlich
2 Der Klee: heiter, humorvoll

3 Das Schiff: viel unterwegs
4 Das Haus: häuslich, gemütlich
5 Der Baum: krank oder aus dem medizinischen Bereich kommend
6 Die Wolken: Dame: sieht nicht klar; evtl. Alkoholmissbrauch; Herr: Angelegenheiten werden geklärt
7 Die Schlange: fremdbestimmt durch dominante Frau (Partnerin, Mutter, Chefin)
8 Der Sarg: krank
9 Die Blumen: heiteres Gemüt; charmant; romantisch
10 Die Sense: Herr: aggressiver Typus; Dame: sie wird bedroht; fühlt sich nicht wohl
11 Die Rute: redegewandt
12 Die Eulen: nervös, unruhig
13 Das Kind: kindlich; naiv; unreif
14 Der Fuchs: er /sie betrügt oder wird betrogen
15 Der Bär: jähzornig; rachsüchtig; gereizt
16 Die Sterne: intuitiv
17 Die Störche: flexibel; facettenreich
18 Der Hund: freundlich; gutmütig; treu
19 Der Turm: einsam; stur; egoistisch
20 Der Park: beliebt; gesellig
21 Der Berg: auf Gegenwehr eingestellt; Abwehrposition
22 Die Wege: entscheidungsfähig
23 Die Mäuse: Zweifel
24 Das Herz: verliebt; herzlich
25 Der Ring: gebundener Mann/gebundene Frau
26 Das Buch: gebildet; belesen; verschlossen
27 Der Brief: oberflächlich (aalglatt)
30 Die Lilie: harmoniebedürftig; leidenschaftlich
31 Die Sonne: sonniges Gemüt; optimistisch
32 Der Mond: sensibel; gefühlvoll
33 Der Schlüssel: zuverlässig
34 Die Fische: materiell eingestellt
35 Der Anker: fleißig
36 Das Kreuz: christlich; geistlich/geistig interessiert

30 DIE LILIE – Liebhaber, Förderer, Gönner, Unterstützer, Harmonie, Leidenschaft, Familie

1 DER REITER: Nachricht/Zusage von Förderer/Gönner/Entdecker; Nachricht von einem Mann, mit dem Frau eine Affäre hat; Nachricht von/Telefonat mit zukünftigem Partner
2 DER KLEE: gute Sexualität; glückliche Familie; Geschäftsmann bringt Erfolg
3 DAS SCHIFF: leidenschaftliches Abenteuer; Winter-/Skireise; Geschäftspartner; Reise zu/mit Geschäftsmann/Förderer
4 DAS HAUS: nette Familienbande; wichtiger Mann (meist geschäftlich) kommt ins Haus
5 DER BAUM: Krankheiten im Sexualbereich
6 DIE WOLKEN: undurchsichtiger Lebensgefährte; Unklarheiten in der Familie verschwinden; Sexualleben nicht immer zufriedenstellend
7 DIE SCHLANGE: Frau und ihr Geliebter; sexuelles Verhältnis; Dame aus der Familie/Verwandte
8 DER SARG: kein Sexualleben; Geschlechtskrankheit (auch Prostata)
9 DIE BLUMEN: Tête-à-Tête; Einladung eines Herrn; familiäres Ereignis
10 DIE SENSE: Mann legt Aggressionen ab; Aggression in der Familie lässt nach; spontane Leidenschaft
11 DIE RUTE: Gespräch mit einem Herrn; Familiengespräche oder Diskussionen im Kreise der Familie; evtl. Richter
12 DIE EULEN: vorübergehende sexuelle Schwierigkeiten; nervöser Mann; Unruhe in der Familie; telefonischer Kontakt mit einem wichtigen Herrn
13 DAS KIND: frühe Schwangerschaft; Mann und Kind; junge Dame hat ein Verhältnis; Pärchen
14 DER FUCHS: Probleme im sexuellen Bereich; manchmal: sexueller Betrug/Seitensprung

15 DER BÄR: Geschäftspartner; zwei Männer; ältere (geschlechtsneutrale) Person aus der Familie; Familienoberhaupt
16 DIE STERNE: glückliche Sexualität/Familie; Geborgenheit
17 DIE STÖRCHE: frühe Schwangerschaft; Veränderung durch einen Mann; Mann zieht um
18 DER HUND: harmonische Freundschaft; Freund ist sexuell interessiert; Mann aus der Verwandtschaft
19 DER TURM: Richter; hohe Amtsperson; Unterstützung von einem Mann, der ein Unternehmen hat oder leitet; Egoismus in der Familie
20 DER PARK: wichtiger Mann in der Gesellschaft; Striplokal; Bordell
21 DER BERG: kein Sexualleben; Blockade bei einem Mann/in der Familie
22 DIE WEGE: Alternative für einen Mann/in der Familie
23 DIE MÄUSE: keine Sexualität; Geschlechtskrankheit; zurzeit kein Kontakt zu Familienangehörigen
24 DAS HERZ: Glückwunsch! Liebe und Leidenschaft fallen in der Partnerschaft zusammen; Herzlichkeit in der Familie
25 DER RING: für eine Frau: Affäre mit einem Mann oder neuer Partner; für einen Mann: eine neue Geschäftsverbindung
26 DAS BUCH: Affäre; diesen Mann kennt man noch nicht; Mann des Wissens oder des Rechts; Mann hat was zu verbergen
27 DER BRIEF: Nachricht von Liebhaber oder bedeutender Persönlichkeit; familiäre Nachricht
28 DER HERR: harmoniebedürftiger oder sexuell interessierter Mann; zwei Männer
29 DIE DAME: harmoniebedürftige oder sexuell interessierte Frau; Mann und Frau
31 DIE SONNE: glückliche Beziehung; erfüllende Sexualität; Unterstützung durch eine wichtige Persönlichkeit
32 DER MOND: Begegnung mit/Förderung durch einen wichtigen Herrn

33 Der Schlüssel: mit Sicherheit Hilfe durch eine dritte männliche Person
34 Die Fische: Geschäftsbesprechung, die finanziellen Aufschwung nach sich zieht
35 Der Anker: Harmonie bei der Arbeit; Arbeitskollege/Chef
36 Das Kreuz: Treffen mit einem hohen Würdenträger; das Sexualleben ist eine Last

31 Die Sonne – Energie, Glücksfälle, Sommer, Süden, wahre Liebe

1 Der Reiter: Nachricht kündigt großen Erfolg an
2 Der Klee: viel Glück; Erfolg und Energie
3 Das Schiff: beruflicher Erfolg; erfolgreicher Abschluss eines Geschäfts; Reise in den Süden
4 Das Haus: Glück und Erfolg kommen ins Haus
5 Der Baum: Vitalität
6 Die Wolken: die schlechten Zeiten gehen zu Ende
7 Die Schlange: glückliche Frau; Frau bringt Glück
8 Der Sarg: Kraft und Energie; Erfolg nach Anstrengung
9 Die Blumen: Erfolg in allen (kreativen; künstlerischen) Dingen
10 Die Sense: Strom und elektrische Geräte; schneller Erfolg
11 Die Rute: positive Gespräche
12 Die Eulen: heitere/glückliche/erfolgreiche Gespräche/Telefonate
13 Das Kind: Kind/junge Dame mit fröhlichem Gemüt; erfreulicher Neuanfang; frohe Botschaft/überraschend gute Nachricht
14 Der Fuchs: falsche Freundlichkeit
15 Der Bär: Geld und Erfolg kommen
16 Die Sterne: Ruhm; Ehre; Geld

17 Die Störche: erfolgreiche Veränderung; Wandel bringt Energie; Reise in den Süden
18 Der Hund: Freund setzt Impulse/hilft bei der Ideenfindung/verleiht Kraft und Energie
19 Der Turm: Glück mit Behörden/Unternehmen/Geschäft
20 Der Park: Ansehen in der Öffentlichkeit; Erfolg
21 Der Berg: bald wieder bessere Zeiten; die Sonne erwärmt den Berg
22 Die Wege: sonniger Weg
23 Die Mäuse: wenig Energie; zurzeit kein Erfolg
24 Das Herz: glückliche Liebe
25 Der Ring: glückliche Verbindung; guter Vertragsabschluss
26 Das Buch: glückliche Nachricht; Erfolg im Studium/ in der Ausbildung etc.; Dokumente, die Glück bringen
27 Der Brief: positive Nachricht, wird meist von einem Mann übermittelt
28 Der Herr: glücklicher, humorvoller Mann
29 Die Dame: siehe Der Herr
30 Die Lilie: glückliche Beziehung, erfüllte Sexualität; Begegnung mit einer wichtigen Persönlichkeit
32 Der Mond: Geld und Erfolg
33 Der Schlüssel: mit Sicherheit Erfolg
34 Die Fische: Geld und gute Finanzen
35 Der Anker: Arbeit in/mit der Sonne (evtl. Solarium); Glück mit der Arbeit
36 Das Kreuz: Glück und Energie

32 Der Mond – Ruhm, Ehre, Anerkennung, Erfolg, Seelenleben, nachts

1 Der Reiter: Erfolgsnachricht
2 Der Klee: Anerkennung im (künstlerischen) Beruf

3 DAS SCHIFF: ruhmreiche, ehrenvolle Reise; Reise bringt Anerkennung, Erfolg und Ruhm; Reise bei Nacht; Geschäftsverbindung mit hochgestellten Persönlichkeiten
4 DAS HAUS: Erfolg im Haus (Ruhm, Ehre, Anerkennung); berühmtes Haus/Haus, in dem berühmte Leute wohnen/ in dem sich eine bekannte Firma befindet etc.
5 DER BAUM: Depression
6 DIE WOLKEN: Gemütsschwankungen; schlechte Sicht
7 DIE SCHLANGE: Frau ist unsicher
8 DER SARG: psychisch krank
9 DIE BLUMEN: Ruhm und Ehre im künstlerischen Bereich
10 DIE SENSE: Erholung nach seelischem Tief
11 DIE RUTE: Gespräche bringen Erfolg
12 DIE EULEN: ein erfolgreiches Telefonat wird geführt werden
13 DAS KIND: sensible/s Kind/junge Dame; Erfolg für Kind/ junge Dame
14 DER FUCHS: scheinbarer Erfolg
15 DER BÄR: Erfolg und Anerkennung im geschäftlichen Bereich
16 DIE STERNE: Ruhm; Ehre; Anerkennung
17 DIE STÖRCHE: Erfolg versprechende Veränderungen (quasi über Nacht)
18 DER HUND: erfolgreicher Freund; sensibler Freund
19 DER TURM: berühmte Persönlichkeit
20 DER PARK: berühmt werden; Ruhm ernten
21 DER BERG: Depression; kein Erfolg
22 DIE WEGE: Erfolgsweg
23 DIE MÄUSE: Depression; Sucht: Alkohol, Drogen, Magersucht; kein Erfolg; Schlaflosigkeit
24 DAS HERZ: tiefe, aufrichtige Gefühle
25 DER RING: erfolgreicher Vertrag; starke Anziehungskraft zwischen zwei Personen
26 DAS BUCH: geheimes Wissen; Erfolg in Zusammenhang mit einem Buch/Dokument/Referat
27 DER BRIEF: anerkennende Nachricht
28 DER HERR: berühmter Mann

29 DIE DAME: gefühlvolle Frau
30 DIE LILIE: Begegnung mit einer berühmten Persönlichkeit, die einen fördert
31 DIE SONNE: Geld und Erfolg
33 DER SCHLÜSSEL: mit Sicherheit Ruhm und Erfolg
34 DIE FISCHE: viel Geld durch Anerkennung
35 DER ANKER: erfolgreiche Tätigkeit; Nachtarbeit/Nachtschicht
36 DAS KREUZ: Erfolg und Ruhm sind Bestimmung

33 DER SCHLÜSSEL – Neubeginn, gutes Gelingen, Erfolg, Sicherheit, Werkzeug

1 DER REITER: Nachricht kommt mit Sicherheit; Nachricht/Information über Neuanfang/gutes Gelingen
2 DER KLEE: Glück, immer wieder Glück; sicheres Gelingen
3 DAS SCHIFF: Reise findet mit Sicherheit statt; gutes Gelingen bei einer/für eine Reise; Erfolg bei geschäftlichen Unternehmungen; Handwerksunternehmen
4 DAS HAUS: man schließt ein neues Haus auf; gutes Gelingen/Neuanfang im Haus
5 DER BAUM: guter Ausgang einer Krankheit
6 DIE WOLKEN: der Erfolg kehrt zurück/bessere Tage kündigen sich an, mit Sicherheit!
7 DIE SCHLANGE: Glück; Sicherheit; Neuanfang für eine Frau
8 DER SARG: bald wird es wieder besser
9 DIE BLUMEN: Erfolg wird mit Sieben-Meilen-Stiefeln erreicht
10 DIE SENSE: mit Sicherheit schnell, plötzlich
11 DIE RUTE: Gespräche finden mit Sicherheit statt
12 DIE EULEN: mit Sicherheit wird ein Meinungsaustausch/Gespräch über die Arbeit etc. stattfinden

13 DAS KIND: Neuanfang/Schwangerschaft – mit Gewissheit; zuverlässige/s Kind/junge Dame
14 DER FUCHS: Intrige mit Sicherheit!
15 DER BÄR: Erfolg und Geld kommen mit Sicherheit
16 DIE STERNE: Erfolg – mit absoluter Sicherheit
17 DIE STÖRCHE: Neuerung kommt gewiss
18 DER HUND: zuverlässiger Freund
19 DER TURM: gutes Gelingen in behördlichen Angelegenheiten; Selbstständigkeit wird gelingen; Neuanfang in einer großen Firma/Behörde
20 DER PARK: gutes Gelingen mit Publikum und in der Öffentlichkeit
21 DER BERG: Hindernis wird mit Gewissheit zur Seite geschoben
22 DIE WEGE: richtige Entscheidung
23 DIE MÄUSE: Unzuverlässigkeit; Misslingen; Unsicherheitsfaktor
24 DAS HERZ: die neue/alte Liebe kommt mit Sicherheit
25 DER RING: Unterstützung/Vertrag kommt mit Sicherheit
26 DAS BUCH: ein Geheimnis wird gelüftet; verschlossene Person öffnet sich
27 DER BRIEF: erhoffte Nachricht kommt mit Sicherheit
28 DER HERR: zuverlässiger Mann
29 DIE DAME: zuverlässige Frau
30 DIE LILIE: Hilfe durch eine dritte männliche Person kommt mit Sicherheit
31 DIE SONNE: Erfolg ist Ihnen sicher
32 DER MOND: Ruhm und Ehre sind gewiss
34 DIE FISCHE: Erfolg im finanziellen Bereich
35 DER ANKER: Handwerker; Glück und Sicherheit im Berufsleben
36 DAS KREUZ: mit Sicherheit ist dieser Beruf Ihre persönliche Bestimmung

34 Die Fische – Geld, Wohlstand, Geschäftsmann

1 Der Reiter: Geld kommt ins Haus/aufs Konto; Nachricht von Bruder oder Geschäftsmann
2 Der Klee: Glück in Gelddingen; Geschäftsmann, der Glück bringt
3 Das Schiff: Geld kommt ins Haus/aufs Konto; Geschäftspartner; Geschäftsreise; Reise bringt Geld ein; Angeltour
4 Das Haus: Familie ist wirtschaftlich gut gestellt; Haus liegt am Wasser
5 Der Baum: Geld/Finanzen fließen nicht
6 Die Wolken: auf Finanzen achten; eine finanzielle Angelegenheit klärt sich auf
7 Die Schlange: Frau hat/bekommt Geld
8 Der Sarg: finanzieller Verlust
9 Die Blumen: Geldgeschenk; wertvolles Geschenk; Gutschein
10 Die Sense: auf Finanzen achten
11 Die Rute: Streit um Geld; man redet über Finanzen
12 Die Eulen: kurzfristige Schwierigkeiten in Gelddingen
13 Das Kind: Geld kommt überraschend; neuer Geschäftspartner; wenig Geld
14 Der Fuchs: finanzieller Betrug
15 Der Bär: viel Geld; (relativer) Reichtum
16 Die Sterne: Geld und Erfolg im geschäftlichen Bereich
17 Die Störche: Veränderung durch Geschäftsmann/Geld
18 Der Hund: finanziell abgesicherter Freund; Freund ist Geschäftsmann; Freund zusammen mit Geschäftsmann
19 Der Turm: Bank; Geldinstitut
20 Der Park: öffentliche Mittel; Bankgeschäfte; Bankangestellter; Geld durch Publikumsverkehr; Gage
21 Der Berg: Geldfluss ist blockiert
22 Die Wege: Entscheidung bezüglich finanzieller Angelegenheiten
23 Die Mäuse: Geldverlust; kein Geld; Schulden

24 Das Herz: Liebe zu einem Geschäftsmann; materielle Einstellung
25 Der Ring: Vertrag im finanziellen/geschäftlichen Bereich
26 Das Buch: Geld, von dem man nichts weiß
27 Der Brief: Geldüberweisung
28 Der Herr: Geschäftsmann; Mann ist materiell eingestellt
29 Die Dame: Geschäftsfrau; Frau ist materiell eingestellt
30 Die Lilie: Geschäftsbesprechung zieht finanziellen Aufschwung nach sich
31 Die Sonne: finanzielles Glück
32 Der Mond: viel Geld durch Anerkennung
33 Der Schlüssel: Erfolg im finanziellen Bereich
35 Der Anker: Geld durch Arbeit; Geld ist gut angelegt; Geld arbeitet
36 Das Kreuz: Vorsicht Engpass! Auf Finanzen aufpassen

35 Der Anker – Beruf, Arbeit, Heimathafen

1 Der Reiter: Botschaft über Arbeit (positiv; evtl. Vertrag); bei der Arbeit unterwegs sein
2 Der Klee: Arbeit, die Spaß macht; berufliches Glück
3 Das Schiff: Seereise; Kreuzfahrt; Seemann (bei Personenkarte); Reisebüro
4 Das Haus: Beruf/Arbeit im Haus/von zu Hause aus; am Haus wird gearbeitet/das Haus wird renoviert
5 Der Baum: Beruf im medizinischen Bereich
6 Die Wolken: Besserung des getrübten Arbeitsklimas
7 Die Schlange: Kollegin
8 Der Sarg: Arbeitslosigkeit
9 Die Blumen: Arbeit mit schönen Dingen
10 Die Sense: demnächst weniger Stress und Hektik bei der Arbeit
11 Die Rute: Ärger bei der Arbeit/im Beruf

12 DIE EULEN: Arbeitsgespräch; Nervosität am Arbeitsplatz; Schwierigkeiten im Beruf; kommunikativer Beruf
13 DAS KIND: neue berufliche Tätigkeit; Beruf mit Kindern; Nebenjob; junge Dame bei der Arbeit
14 DER FUCHS: Intrige am Arbeitsplatz; falsche Hoffnungen in der Liebe
15 DER BÄR: Chef; Vorgesetzter usw.
16 DIE STERNE: neue Arbeit, die Spaß macht – evtl. im spirituellen/esoterischen Bereich
17 DIE STÖRCHE: berufliche Veränderung
18 DER HUND: Arbeitskollege
19 DER TURM: Arbeitsamt; große Firma; Handwerksbetrieb
20 DER PARK: Öffentlichkeitsarbeit; Arbeit mit Publikumsverkehr; im Verkauf tätig sein
21 DER BERG: arbeitslos; keine Arbeit; Blockaden
22 DIE WEGE: Straßenarbeiten; berufliche Entscheidung treffen
23 DIE MÄUSE: Arbeitslosigkeit
24 DAS HERZ: Berufe mit Herz; bodenständige Liebe
25 DER RING: Arbeitsvertrag; gegenseitige glückliche Bindung
26 DAS BUCH: Berufe mit Büchern; Arbeitspapiere
27 DER BRIEF: Arbeitsvertrag
28 DER HERR: bodenständiger Mann
29 DIE DAME: bodenständige Frau
30 DIE LILIE: Harmonie bei der Arbeit
31 DIE SONNE: Arbeit in/mit Sonne (Solarium); Glück mit der Arbeit
32 DER MOND: erfolgreiche Tätigkeit; Nachtarbeit/Nachtschicht
33 DER SCHLÜSSEL: Handwerker; Glück und Sicherheit im Berufsleben
34 DIE FISCHE: Beruf im Finanzbereich; Geld durch Arbeit; Geld ist gut angelegt; Geld arbeitet
36 DAS KREUZ: dieser Beruf ist Bestimmung

Kombinationen mit dem ANKER für bestimmte Berufe

DER ANKER kann (übrigens wie auch TURM und PARK) etwas über die beruflichen Tätigkeiten von Ratsuchenden oder von Personen, die aus dem direkten Umfeld des Fragestellers kommen, aussagen. Hier können Sie selbst kreativ werden. Die genannten Kombinationen geben lediglich einen kleinen Querschnitt von Möglichkeiten wieder, um Ihre Fantasie anzuregen.

1 DER REITER: Taxifahrer
2 DER KLEE: Croupier
3 DAS SCHIFF: Spediteur; Busfahrer; mit WOLKEN: Pilot
4 DAS HAUS: Architekt; Makler
5 DER BAUM: Arzt; Krankenschwester; Apotheker etc.
6 DIE WOLKEN: Chemiker
7 DIE SCHLANGE: Geschäftsfrau; Ärztin
8 DER SARG: Bestatter; ohne Tätigkeit sein
9 DIE BLUMEN: Kosmetikerin; Friseurin; Floristin
10 DIE SENSE: Landwirt
11 DIE RUTE: Straßenkehrer; Putzfee
12 DIE EULEN: Moderator; Telefonistin
13 DAS KIND: Kindergärtner
14 DER FUCHS: Detektiv
15 DER BÄR: Steuerberaterin; Prokurist
16 DIE STERNE: Astrologin; Sternenkundler
17 DIE STÖRCHE: Hebamme
18 DER HUND: Tierpfleger
19 DER TURM: Soldat; Polizist; Lehrer
20 DER PARK: Verkäufer; Gastwirt; Kellnerin
21 DER BERG: Tiefbauarbeiter; Bergführerin
22 DIE WEGE: Straßenbauarbeiter
23 DIE MÄUSE: arbeitslos
24 DAS HERZ (mit der LILIE): Prostituierte; Beruf mit Liebe und Leidenschaft ausführen
25 DER RING: Eheinstitut/Partnerschaftsvermittlung
26 DAS BUCH: Verlagswesen; Spionage

27 Der Brief: Postbote; Zusteller
30 Die Lilie: Tätigkeit im Sozialwesen
31 Die Sonne: Tätigkeit in Sauna oder Solarium; Bademeister
32 Der Mond: Nachtwächter
33 Der Schlüssel: Handwerker; Manager
34 Die Fische: Bankkauffrau/-mann; Unternehmensberater
36 Das Kreuz: Geisteswissenschaftler

36 Das Kreuz – Schicksal, Bestimmung, Prüfung

1 Der Reiter: schicksalhafte Nachricht
2 Der Klee: Prüfung mit positivem Ausgang
3 Das Schiff: schicksalhafte Reise
4 Das Haus: Haus/Wohnung ist Bestimmung
5 Der Baum: schicksalhafte Krankheit
6 Die Wolken: schicksalhafter, unvermeidbarer Rückschlag
7 Die Schlange: Frau von Bedeutung; Prüfung für eine Frau/das Schicksal schlägt zu
8 Der Sarg: etwas stirbt (in Ihnen)
9 Die Blumen: Glück ist Bestimmung
10 Die Sense: Leid/Prüfung wird überstanden
11 Die Rute: Streit wird begraben
12 Die Eulen: schicksalhafter Anruf, meist positiv
13 Das Kind: Kind/junge Dame hat ein »Kreuz« zu tragen
14 Der Fuchs: notorische Lügen (bei Süchtigen und Fremdgehern); Lebenslüge
15 Der Bär: Krankheit oder Rückschlag bei einem älteren Herrn; hohe Persönlichkeit
16 Die Sterne: viel Energie wirkt positiv
17 Die Störche: Veränderung schicksalhaft bedingt/unausweichlich
18 Der Hund: Prüfung für einen Freund
19 Der Turm: Ärger mit Behörden; Selbstständigkeit ist Bestimmung

20 DER PARK: Beerdigung; Friedhof; Veranstaltung ist von Bedeutung
21 DER BERG: über den Berg sein
22 DIE WEGE: an einer Wegkreuzung stehen
23 DIE MÄUSE: ein Verlust wiederholt sich
24 DAS HERZ: schicksalhafte Liebe, meist mit viel Leid verbunden
25 DER RING: diese Bindung kann man nicht trennen
26 DAS BUCH: die Schriftstellerei ist Ihre Bestimmung; schicksalhaftes Geheimnis
27 DER BRIEF: Schicksalsnachricht, meist positiv
28 DER HERR: Mann von Bedeutung
29 DIE DAME: siehe DER HERR
30 DIE LILIE: Begegnung mit einem Herrn von Bedeutung
31 DIE SONNE: Glück und Energie
32 DER MOND: Erfolg und Ruhm sind Ihre Bestimmung
33 DER SCHLÜSSEL: mit Sicherheit ist dies Ihre Bestimmung
34 DIE FISCHE: achten Sie auf Ihre Finanzen
35 DER ANKER: Ihr Beruf ist Schicksal